まるごとガイドシリーズ⑬

資格のとり方・しごとのすべて

言語聴覚士
[げんごちょうかくし]

まるごとガイド

日本言語聴覚士協会／監修

ミネルヴァ書房

はじめに

　私たちは意識することもなく、ことばを話したり、聞いたりしていますが、これは人間だけに与えられた、すばらしい機能の一つです。ことばや聞こえに問題があると、周囲の人々と意思疎通することが困難となり、生活にさまざまな不自由が生じます。それは、「もし、突然、ことばを失ったら、現在の生活や職業が続けられるだろうか」と考えるだけで、容易に想像できるでしょう。

　ことばや聞こえの障害は、脳卒中等による失語症、難聴、言語発達の遅れ、声や発音の障害など多岐にわたり、このような障害を持つ方がわが国には523万人以上いると推計されています。

　「言語聴覚士」はことばや聞こえに障害を持つ方にその機能の向上や能力の拡大を図るため、検査・評価、訓練・指導やその他の援助を行う専門職です。また、摂食・嚥下(えんげ)障害にも対応します。

　言語聴覚士は「国家資格」ですが、このような資格があることをこの本で初めて知る方も多いでしょう。それは国家資格として制定されたのが1997年で、比較的新しい専門職だからです。新しい職種だけに言語聴覚士の世界は若さと夢を追求するエネルギーに満ち溢れています。

　21世紀は「人間の時代」「こころの時代」といわれています。このいずれにも「ことば」は重要な役割を果たし、言語聴覚士の活躍が期待されています。この本が言語聴覚障害を理解する一助になればと思います。同時にことばや聞こえに問題がある方の自己実現を支援する「言語聴覚士」にチャレンジする方が増えることを願っています。

日本言語聴覚士協会前会長
藤 田 郁 代

もくじ

●プロローグ

STEP1　あなたは「言語聴覚障害」を知っていますか？ ── 6
STEP2　言語聴覚士の実際の仕事ぶりを知ってください ── 8
STEP3　専門職としての確かな知識と技術を身につけるために ── 10

第1章　言語聴覚士はことばや聞こえに問題がある人を支援する専門職

1. 「言語聴覚士」はリハビリテーションに携わる国家資格です ── 14
   ルポ1　訓練でめざすのは、退院後の日常生活で"使える"コミュニケーション機能の獲得 ── 16
2. 言語聴覚士が担うのは、言語聴覚療法です ── 20
   ルポ2　難聴児のことばの獲得をサポート。聞こえのチェック、補聴器等の適合、生活面でのアドバイスも ── 24
3. 言語聴覚士に求められる能力は？ ── 28
   インタビュー1　養成校で後進を指導する言語聴覚士にきく／豊かなコミュニケーション能力が必要です ── 30
4. 言語聴覚士の増加と質の向上が求められています ── 32
5. 言語聴覚士になるにはこんな道のりが ── 34
   ●立ち止まってチェック！
   　あなたのイメージは合っていた？ ── 35

第2章 言語聴覚士の仕事は幅広い年齢層を対象にします

1. 聞こえの障害を対象に ―― 38
2. 発声、発音、食べることの機能回復を支える ―― 40
3. 「ことばの遅れ」を持つ子どもとその親をサポート ―― 42
   - ルポ3　ことばの獲得だけでなく、よりよいコミュニケーションのとり方を援助する ―― 44
4. 成人の言語障害に取り組み、充実した生活が送れるよう支援 ―― 48
   - ルポ4　高齢者のための入所施設で生活に密着した専門的サービスを提供する ―― 52
5. 養成機関や研究機関などでサービスの質、量の向上をめざす ―― 56
   - インタビュー2　大学に勤務する言語聴覚士にきく／世界一の治療をしたい、それが原動力 ―― 58
   - ●メモ1　言語聴覚療法っていつからあるの？ ―― 60
   - ●立ち止まってチェック！　言語聴覚士の仕事がどんな障害を対象にするか、わかった？ ―― 61

第3章 言語聴覚士の職業生活の実際は…

1. どんな人がどんな場所で働いているの？ ―― 64
   - ルポ5　1日の制限いっぱい個別療法を行い、管理職としての仕事も。でもそれが言語聴覚療法の発展につながる ―― 66
2. 給与や労働条件についても知りたい ―― 70

3. 精神的な満足度は？ —— 72

　インタビュー3　職能団体会長・言語聴覚学科教授にきく／人間の尊厳を支えている、それが誇り —— 74

4. いざ仕事を探すには —— 76

　●メモ2　言語聴覚療法の現場を見学するには？ —— 78

　●立ち止まってチェック！
　　言語聴覚士の職業生活理解度をチェック —— 79

第4章 これからの社会に言語聴覚士はどうかかわれる?

1. 社会保障制度の見直しが進むなか、言語聴覚士の位置付けも明確に —— 82

2. 地域リハビリテーションの充実に向けて —— 84

　ルポ6　この地域のなかで、ずっと患者さんを見守っていきたい。やるべき仕事はたくさんあります —— 86

　インタビュー4　開業した言語聴覚士にきく／開業は十分な臨床経験を積んでから —— 90

3. 臨床対象の広がりに対応して —— 92

　インタビュー5　都立病院の言語聴覚士にきく／その人に合った嚥下の方法を考えます —— 94

　インタビュー6　新生児聴覚検査に携わる言語聴覚士にきく／聴覚障害児は早期発見・療育が大切です —— 96

4. 多彩な学問領域の研究と進展が求められています —— 98

　ルポ7　教育と臨床と研究。研究は、明日の臨床と教育を見据えて —— 100

　●メモ3　海外の言語聴覚士の状況は？ —— 104

　●立ち止まってチェック！
　　将来の言語聴覚士の姿が見えた？ —— 105

第5章 あなたに合った資格の取り方を見つけましょう

1. 指定養成校のカリキュラムは一般教養から臨床実習までぎっしり ── 108
    - ●メモ4　手話は関係ないの？ ── 111
    - ルポ8　勉強はハードだけど理解する過程は楽しい。目標に向かってがんばる毎日は充実した日々 ── 112
2. 中高生のあなたに向いているのはどんな養成校？ ── 116
    - インタビュー7　言語聴覚療法学専攻の大学生にきく／学ぶことが楽しいと感じる毎日です ── 118
3. 社会人や大学生、方向転換を考えているあなたには ── 120
    - インタビュー8　大卒者対象の養成校の学生にきく／クラスの半数以上は社会人経験者です ── 122
4. 入試準備のポイントは ── 124
5. 国家試験のことも知っておきたい ── 126
    - ●立ち止まってチェック！　あなたにぴったりのルートは？ ── 128

●役立ち情報ページ

言語聴覚士の指定養成校リスト ── 130
　○4年制大学　○短期大学　○専門学校（3年制・4年制）
　○大卒者対象の学校（2年制）　○その他

問い合わせ先一覧 ── 133
　○日本言語聴覚士協会事務所　○国家試験問い合わせ先

就職先を探すリスト ── 134
　○おもなハローワーク　○福祉人材センター　○福祉人材バンク

プロローグ

STEP 1 あなたは「言語聴覚障害」を知っていますか？

　この本を手に取ったあなたは、言語聴覚士がどんな仕事をする職種なのか、知っていましたか？　「言語や聴覚にかかわる仕事なら、話せない人、聞こえない人のための仕事かな？　ひょっとして手話を教える人かも」……、そう考えた人もいることでしょう。その予想は、少し当たっているけれど、大部分ははずれています。確かにうまく話せない人、聞こえない人を対象にする仕事ですが、手話を専門に教える仕事というわけではありません。

　言語聴覚士は、「言語機能、聴覚機能（ことばを使ってのコミュニケーション）に障害のある人を、支援する専門職」。支援のおもな内容は、障害の状態を検査・評価し、それに合った訓練、指導、その他の援助を行うことです。

　「そんな仕事、初めて知った……」という読者もかなりいることでしょう。無理もありません。「言語聴覚士」という名称が正式に決まり、国家資格として正式に位置付けられたのは1997年のこと。まだ歴史の新しい資格なのです。

　言語聴覚療法そのものは、日本では40年くらい前から行われているのです。にもかかわらず、それに携わる専門家の資格化が遅れ、

言語聴覚療法の必要性があまり知られていなかった原因のひとつは、言語聴覚障害が「見えにくい」「気付かれにくい」ということにあります。
　白い杖、盲導犬、車いす……、そういった目に見えるツールを使う視覚障害者や身体障害者は、街を歩いているだけでもすぐに気付かれやすく、またその不自由さも容易に想像がつきます。そのため、例えば点字ブロックの導入や建物のバリアフリー化、といった配慮の必要性が早くから知れ渡ってきました。
　それに対して、言語聴覚障害者は、ただ歩いているだけではだれにも気付かれません。不自由さをことばでうまく表現できない、というこの障害ならではの特性もあります。そのため、こうした障害の存在そのものさえ知らない人が、まだまだたくさんいるのです。
　会話したり、読み書きしたり、考えたり……こうした何気ない行為は「ことば」によって成り立っています。それを使いこなす諸機能がうまく働かない「言語聴覚障害」というものが存在することをまずは知ってください。「言語聴覚士」の仕事への第一歩は、そこから始まるのです。

STEP 2 言語聴覚士の実際の仕事ぶりを知ってください

医療

リハビリテーション科
森田秋子さん
→ルポ1

リハビリテーション科
立石雅子さん
→ルポ5

耳鼻咽喉科
美留町美希子さん
→ルポ2

リハビリテーション科
矢守麻奈さん
→インタビュー5

訪問リハビリテーション
半田理恵子さん
→ルポ6

福祉

介護老人保健施設
黒羽真美さん
→ルポ4

難聴幼児通園施設
和泉千寿世さん
→ルポ3

難聴幼児通園施設
福田章一郎さん
→インタビュー6

言語・学習指導室開業
三好純太さん
→インタビュー4

聞こえの障害、発声・発音に関する障害、摂食・嚥下障害、小児の言語発達障害、脳の病気やけがによる失語症……。言語聴覚士は、おもに医療・保健、福祉、教育などの場で働きながら、このような障害のある人に検査や訓練を行っています。そうした臨床に取り組む傍ら、研究や後進の養成にあたる人もいます。その姿をこの本では、現役の言語聴覚士のルポやインタビューで紹介しました。言語聴覚士の実際の仕事ぶりを知ってください。

研究・養成

医療衛生学部教授
小林範子さん
→インタビュー2

医療技術学部教授
熊倉勇美さん
→ルポ7

専門学校言語聴覚学科主任
稲村　恵さん
→インタビュー1

職能団体会長・言語聴覚学科教授
藤田郁代さん
→インタビュー3

言語聴覚学科4年生
栗林貴之さん
→ルポ8

言語聴覚療法学専攻3年生
山崎友莉さん
→インタビュー7

言語聴覚学科2年生
井出育子さん
→ルポ8

言語聴覚療法学科1年生
鍋丁雅史さん
→インタビュー8

STEP 3 専門職としての確かな知識と技術を身につけるために

　ことばや聞こえに問題が生じると、意思を伝える、自分の心を表現する、新しいことを学習するなどのすべてが不自由となります。その人が持つ問題を理解し、あらゆる面から専門的援助を行う言語聴覚士には、高い専門性が要求されます。

　的確な専門的援助を行うには、医学はもちろん、言語学、音声学、心理学などさまざまな分野の知識を身につけなくてはなりません。それだけでなく、相手が伝えたいことを察知し、話しかけ方を工夫して「ことば」を引き出す技能や、相手に共感する心、社会復帰を支援するノーマライゼーションへの理解などが要求されます。いずれにせよ、そう簡単に身につけられるものではありません。

　だからこそ、言語聴覚士に関する国家資格が制定され、言語聴覚療法を行うには一定の水準をクリアすることが求められるようになったのです。こうした言語聴覚士の資格や仕事の概要については、第1章で説明しましょう。

　「言語聴覚障害がどんなものか、まだよくわからない」という人は第2章を読んでください。言語聴覚士が対象としている障害や仕事の内容について、より具体的に紹介しています。

言語聴覚士として働くことに興味があるのなら、第3章に進んでください。勤務形態など、職業生活が具体的に述べられています。
　第4章では、今後、言語聴覚士の仕事がどのように発展していくのか、その可能性について述べられています。言語聴覚士をめざす人はもちろん、すでに言語聴覚士として働いている人にも参考になるのではないでしょうか。
　「どうやったら言語聴覚士になれるの？」と興味がわいてきたのなら、第5章を読んでください。言語聴覚士になるための方法が詳しく書いてあります。
　人間だけが持っている、「ことば」。言語聴覚士は、ことばによる理解や表現という、大切な機能の発達や回復の支援、聞こえに問題がある人のリハビリテーションを行います。それは、「人間の尊厳」にかかわる仕事ともいえます。そういう意味で難しい、けれどやりがいのある仕事です。
　「一生続けるにふさわしい仕事」——この本の取材で出会った言語聴覚士の人たちはそう語ります。言語聴覚士の仕事の必要性、そしてやりがいを、この本を通じて感じてもらえれば幸いです。

プロローグ──専門職としての確かな知識と技術を身につけるために

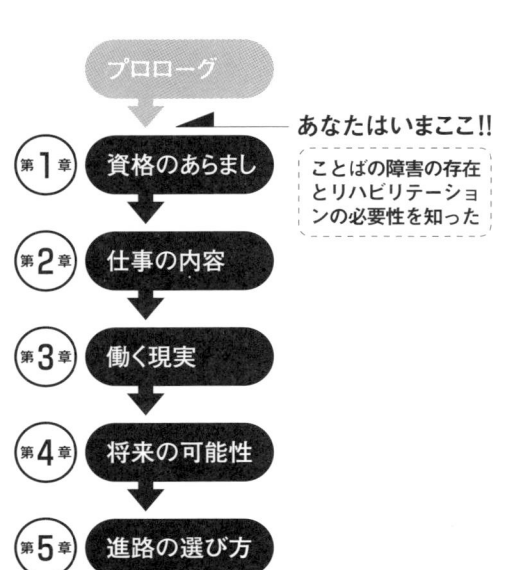

第1章

言語聴覚士はことばや聞こえに問題がある人を支援する専門職

ことばはコミュニケーションの重要な手段です。
また、思考や記憶などにも密接に関係しています。
言語聴覚士はこういった機能に問題を持つ
人々を専門的に支援します。
このような意義ある仕事を行う言語聴覚士について、
そしてその資格について、この章では概略を説明します。

第1章

1.

「言語聴覚士」はリハビリテーションに携わる国家資格です

●リハビリテーションとは

　立つ、座る、歩く、食べる、呼吸する。こうした基本的動作のほか、人と話をしたり、本を読んだり、考えたり、記憶をしたり……。人間が人間として生活するには、脳や身体の各種の機能を働かせなくてはなりません。ところがひとたびこうした機能の一部が病気や事故によって損なわれると、その人の日常生活や社会生活は著しく困難なものとなります。

　リハビリ、すなわちリハビリテーションとは、「障害がある人をして身体的、精神的、社会的、職業的ならびに経済的にできる限りの有用性を発揮できるように回復させること」と1943年に米国リハビリテーション評議会によって提唱されました。したがって、再びその人がその人らしい生活を送れるようになるような医学的、教育的、社会的、経済的支援のすべてを指します。

　このため、リハビリにはいろいろな職種のスタッフがかかわります。医師や、理学療法士（PT）、作業療法士（OT）、言語聴覚士（ST）などリハビリを直接行う専門職、ケアマネジャーや介護福祉士など介護の専門職、看護師、保健師や社会福祉士……。こうしたスタッフが、個別に患者にかかわるのではなく、連絡を取りあって情報や目標を共有しあう。これがリハビリの成否を握る鍵ともなっています。リハビリにはチームプレーが不可欠なのです。

●言語聴覚士がおもにかかわるのはコミュニケーションと摂食嚥下の障害

　言語聴覚士もまた、こうしたリハビリテーションにかかわる専門職のひとつです。言語聴覚士がリハビリの対象としているのは、おもにコミュニケーショ

第1章　言語聴覚士はことばや聞こえに問題がある人を支援する専門職

理学療法士
リハビリテーションの専門職。運動療法や物理療法などにより、おもに運動機能の回復をめざす。PT（Physical Therapist）ともよぶ。

作業療法士
理学療法士が基本的な機能の回復をめざすのに対し、作業療法士は作業療法を通して日常生活に必要な能力の回復を図る。OT（Occupational Therapist）ともよぶ。

ンの障害。その内容は多岐にわたり、ことばの障害、聞こえの障害、発音の障害などがあります。また、言語聴覚士は摂食・嚥下の障害、認知症や記憶障害などの高次脳機能障害にも対応します。

　コミュニケーションに問題が生じる原因もさまざまです。例えば、先天性の難聴でことばを習得できない、事故や脳血管障害によって脳の言語機能をつかさどる部分が損傷を受けてしまった、あるいは舌がんで舌切除術を受けた、発音が上手にできない……などのケースがあります。ですから、言語聴覚士がかかわる患者の年齢も、赤ちゃんからお年寄りまで幅広いものとなっています。

　また、事故や病気によって障害が発生してリハビリを受ける場合、どのくらい時間が経過したかも、患者によって違います。病気やけがをした直後の「急性期」、回復が期待できる「回復期」、回復が緩やかになり、社会生活への適応を図る「維持期」などの人がいて、言語聴覚士は必要に応じてすべての段階にかかわります。ただし、どの段階の患者におもにかかわるかは、どの職場で働くかによって異なってきます。

●**資格を持つプロとして**

　対応する障害の内容、対象者の年齢層、あるいは回復の状態が多岐にわたる……。それでいて、コミュニケーション障害というものは、車いすや松葉杖を使う肢体の障害と違って、外から見ただけではその状態が把握しづらいという難しさもあります。

　こうした理由から、コミュニケーション障害のリハビリ（＝言語聴覚療法）に携わるには、高い専門性が必要との認識が浸透してきました。そこで1997年、コミュニケーションに問題のある人が必要に応じて質の高いリハビリを受けられるよう、言語聴覚士法が制定されました。言語聴覚療法は、一定水準をクリアした「言語聴覚士」でなければ行うことができなくなったのです。

　言語聴覚士になるには、一定の教育を受け、国家試験に合格して、厚生労働大臣の免許を受けなくてはなりません。これについては、おおまかな流れを本章の5．、さらに詳しくは第5章（p107～）で説明していますので参照してください。

ST
言語聴覚士（Speech-Language-Hearing Therapist）の頭文字をとった略称。

嚥下
食べ物を飲み込む動作のこと。

言語聴覚士法
言語聴覚士の定義や仕事の内容が定められた法律。1998年施行。この法律によって、言語聴覚士の専門性が明記された。

「言語聴覚士」はリハビリテーションに携わる国家資格です

ルポ❶

取材先◎慈誠会徳丸病院
しごと◎リハビリテーション科で働く言語聴覚士

訓練でめざすのは、退院後の日常生活で"使える"コミュニケーション機能の獲得

■1対1で向きあい、ことばを引き出す

　森田秋子さんの職場・慈誠会徳丸病院は、本格的な回復期リハビリテーションへの取り組みが行われ、2000年には「総合リハビリテーション承認施設」となり、2002年には「回復期リハビリテーション病棟」を設置。患者のほとんどが脳血管障害などを発症してから3か月以内で、院内には高齢者の姿が目立つ。

　リハビリテーションのスタッフの一人として、言語聴覚士の森田さんがおもに患者と向きあうのは、「言語療法室」という個室。取材した日も、重い失語症がある女性に、1対1で訓練を行っていた。「名前をおっしゃってください」。女性の表情をにこやかに見つめつつ、森田さんはゆっくりと問いかける。「えーっと……」、自分の名前がうまく口に出せずうつむく女性。優しい目でその様子を見守っていた森田さん、今度は「ナ」と姓の頭の文字をヒントに出す。「上のお名前ですよ。ナ……、ナガ……？」。そしてようやく自分の名前を言えて、少しほっとした様子のナガタさん（仮名）に、「すごいですね、今日初めて自分の名前が言えましたね」と森田さんもにっこり。

■一人ひとりの症状に合わせた訓練を展開

　名前と住所を言う課題を終えたあとは絵カードでの訓練。「これは何でしょう？」と絵カードを見せながら、物の名前を言う練習を開始。言えない場合は、頭の1文字を森田さんが言って、ことばを引き出す。大根、きゅうり、みかん、

慈誠会徳丸病院●DATA
東京都板橋区。1984年開院、2000年総合リハビリテーション承認施設の承認取得、2002年回復期リハビリテーション病棟設置。病床数160床、医師5人、看護師50人、言語聴覚士3人、理学療法士10人、作業療法士8人。言語聴覚士3人で、失語症、構音障害、半側空間無視、認知症などの患者を多数担当。

赤ん坊……、絵カードで発語を引き出しながら、「いいですね、ずいぶんことばが出るようになりましたね。ヒントなしで名前を言えたのが、20枚中3枚、こんなに言えたのは初めてですね」と励ます。

絵カードが一通り終わったところで、ナガタさんの前にプリントと鉛筆を置く。ナガタさんが取り組むこのプリントは、森田さんが部屋のキャビネットから取り出し、訓練を始める前に用意しておいたものだ。キャビネットには、症例に合わせた教材が、あらかじめ1か月分整理してある。患者一人ひとりの症状や心理状態に合わせたアプローチを次から次に行うには、こうした事前の教材準備、自習練習の取り入れなど工夫が必要だ。

ナガタさんの鉛筆を動かす手が止まったので、進み具合を確認する。「うまくできましたね。それでは、できた線をもう一度なぞってみましょう」とおさらいして、プリントワークは終了した。今度はひらがなで事物の名前が書かれたカードに挑戦する。3枚並べて、「私が名前を言いますのでカードを指してくださいね。か・ら・す」と働きかける。「？」と考え込むナガタさんに、「黒い鳥で、カーカー鳴きます」とヒント。

ナガタさんの訓練時間が終わりに近づくころ、別の女性が病棟からケアワーカーに付き添われてやってきた。「コシロさん（仮名）ごめんなさい、お隣の部屋で待っててくださる？」と声をかけ、ナガタさんの訓練を続行。ひらがなカードのやりとりを一通り終えたところで、「今日はよくできましたね。次は作業療法に行きましょう」と、作業療法スタッフに引き継いだ。

■時には悩みの聞き役にも

隣室で待っていたコシロさんは、なんだか沈んだ表情。森田さんに「今日は体がだるいですか？」と声をかけられ、

●追いかけた人

森田秋子（もりた あきこ）さん／1957年生まれ。82年早稲田大学教育学部、83年国立身体障害者リハビリテーションセンター学院卒業。84年より、徳丸病院に初の言語聴覚士として勤務。回復期リハビリテーションを中心に臨床を手がける。

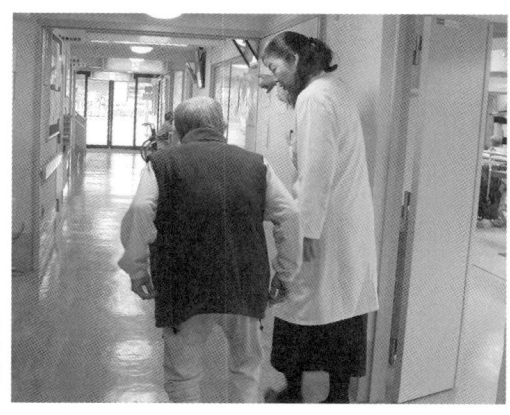

言語訓練を終えた患者さんの歩調を見守りながら、ゆっくりと病棟へ向かう

「寒いのに靴下もはかなかったから、冷えちゃって。一晩中うなってたの」と訴える。「つらかったですね……。もう少ししたらしびれも弱まってきますよ。せっかく練習も始まったことだし、がんばりましょう」と励まして、教材を渡す。プリントの迷路に取り組むコシロさんの様子を見守りながら、「左方向への道が見つけにくいですよ。わかりますか？」と助け舟。コシロさんは脳血管障害による、軽度の左半側視空間無視（p50脚注参照）があり、言語に関する障害はあまりない。そこで言語ではなく、空間認識に関する訓練を行っているのだ。「やっぱり今日は不調ですね」と課題をチェックしながら別の教材も出そうとするが、コシロさんからは「眠れたらいいんだけど、しびれちゃって」と、不調を訴えることばが口をついてくるばかり。森田さんは、「これだけやったら理学療法に行きましょう。今日よく眠れば、明日はきっと元に戻りますよ」と受けていたが、ついに涙もこぼれはじめた。

訓練というよりは、ほとんど訴えの相手に徹しているかに見える森田さんだが、「訓練中に訴えや悩みを聞くことも重要なプロセス。その時間を惜しむとリハビリテーションを拒否されかねません」という。「それまで何の不自由もなかったのに突然ことばが出なくなる、というのが脳血管障害なんです。そのギャップのためか、心理的に不安定になっている方も多いですね。そういう方にリハビリテーションをする気になっていただくには、心理的な援助も必要なんですよ」。

■病棟への行き来の様子も観察して

結局、理学療法スタッフに今日の状況を説明し、コシロさんを託した森田さんは、次の患者を迎えに病棟へ。言語聴覚士である森田さんが、言語療法室を出てわざわざ患者を病棟まで迎えに行くのには、理由がある。「歩くというダイナミックな動きが、脳にいい刺激となります。半側空間無視の患者さんならば、机上のプリントワークも有効ですが、実際にほかの人や物に気をつけて歩くことによって、無視しがちな片側へ注意を向ける訓練になって、訓練効果は高いですね」。

迎えに行った患者には「遠くを見ながらまっすぐ歩いてみてください……、

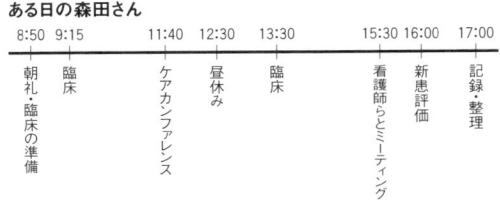

ある日の森田さん

ほら、あそこにいるスタッフを見ながら」と声をかけ、歩行の様子を見守る。
「退院後の生活で役に立つ機能回復をめざすには、カードを見て単語が言えるだけではなく、時間の管理や場所の概念、排泄(はいせつ)のコントロールなどと、ことばが結びつかなくてはなりません。そのために、個室でのリハビリテーションだけではなく、病棟との行き来にもかかわります。今後は、ベッドサイドでその方のADL（日常生活活動）の状態を見ながらリハビリテーションを展開できれば、とも考えています」

■リハビリテーションスタッフ、看護師、ケアワーカーとも連携

午後の訓練を一通り終えたところで、15：30からはスタッフとのケースカンファレンス。患者一人ひとりの症状についてスタッフが話し合い、リハビリテーションの方針や病棟での対処法を共有するための会議だ。担当するリハビリテーションスタッフ、看護師、ケアワーカーなどが情報を共有することによって、リハビリテーションの効果はいっそう高いものとなる。

16：00からは新患の症状を評価。失語症、コミュニケーションなどについて一通りの検査を行い、その結果をもとに今後のリハビリテーションのプログラムを考えなくてはならない。それが終わってから、やっと1日分の記録に取り組む時間が持てる。はっきりいって忙しい毎日、巧みな時間管理と集中力の持続を要求される仕事だ。

「若いころはエネルギーと情熱でなんとか乗り切る、という感じでした。でも、経験を重ねるうちに、余裕を持って臨床に取り組めるようになっていくと思いますよ。私も18年間やってきて、"1か月後には退院できそうだから、電話応対の練習もしておこう"というように、先を見通してリハビリテーションの方針を決めたり、心理的な問題にも的確な対処ができるようになりました。積み重ねによってよりよい臨床ができるようになり、またそれが評価してもらえる。仕事や人生の経験がだんだん力になる、それがこの仕事の魅力です」。

（取材は2002年11月）

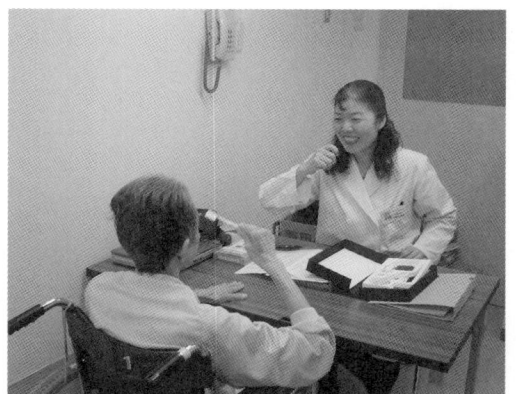

「歯ブラシはどう動かすのかしら？」。絵カードやプリント以外に、身近な小物もリハビリに使われる

第1章 2. 言語聴覚士が担うのは、言語聴覚療法です

●まずはコミュニケーションのしくみを知ろう

　言語聴覚士が担う言語聴覚療法は、おもに言語機能や聴覚機能によるコミュニケーションの障害を対象とします。言語聴覚療法のことを知る前に、まずはコミュニケーションのしくみについて理解しておきましょう。

　コミュニケーションは、次のような連続したプロセス（ことばの鎖）から成り立っています。

(1)言語学的レベル：大脳で、伝えたいことを思考し、言語化します。

(2)生理学的レベル(出力系)：大脳で組み立てられた言語を「話しことば」として表出するために、運動神経を通じて声帯、舌、唇などに運動指令が送られます。これらの器官は指令に従って運動し、音声が出ます。

(3)音響学的レベル：音声は空気中を音波として伝わり、聞き手の耳に伝わると同時に話し手自身の耳にも伝わります。

(4)生理学的レベル(入力系)：音波を受け取ると内耳で電気信号に変換され、感覚神経を通じて大脳に伝えられます。

(5)言語学的レベル：音声情報を大脳で解読し、その意味が理解されます。

　コミュニケーション障害は、(1)〜(5)のいずれかの段階に、なんらかの問題が生じることによって起こります。

●言語聴覚療法が扱う障害の内容は……

　次に、言語聴覚士が扱うおもな障害を挙げてみます。

(1)失語症……言語を獲得してから、病気やけがなどにより、大脳の言語を支配

話しことばのコミュニケーションの図式

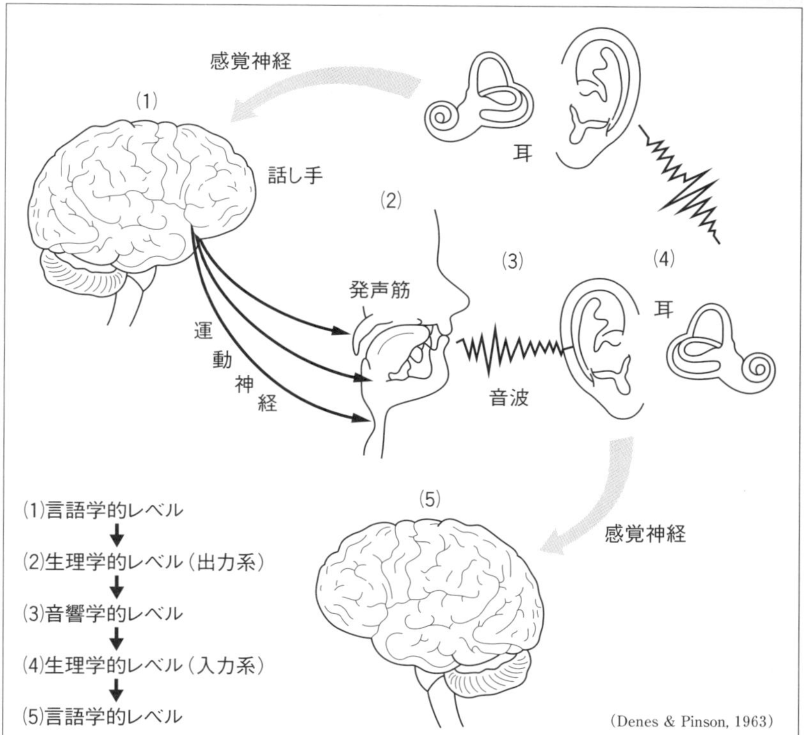

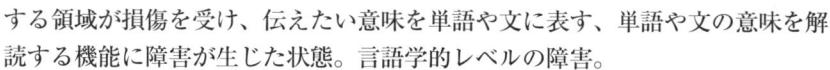

(1)言語学的レベル
↓
(2)生理学的レベル（出力系）
↓
(3)音響学的レベル
↓
(4)生理学的レベル（入力系）
↓
(5)言語学的レベル

(Denes & Pinson, 1963)

する領域が損傷を受け、伝えたい意味を単語や文に表す、単語や文の意味を解読する機能に障害が生じた状態。言語学的レベルの障害。

(2)言語発達障害……知的発達障害、自閉症、言語だけに限定された発達障害など、なんらかの原因でコミュニケーション行動の発達が他の同年齢の子どもに比べて著しく遅れた場合。

(3)発声や発音の障害……病気や遺伝的要因、外傷により、発声や発音に問題が

生じた状態。音声障害、構音障害（機能性構音障害、器質性構音障害、運動障害性構音障害）、吃音（きつおん）など。出力系の生理学的レベルの障害。
(4)**聴覚障害**……病気や遺伝的要因、外傷により、聞こえに問題が生じた場合。難聴。入力系の生理学的レベルの障害。

　これらに加え、言語聴覚士は口やのどの動きに詳しいリハビリテーション専門職として、摂食・嚥下（えんげ）障害（食べることや飲み込みについての障害）のリハビリテーションにも携わります。

　こうした障害の詳しい症状や現場での具体的な仕事内容については、第2章（p37〜）で説明します。言語聴覚士が扱う障害は認知症に伴うコミュニケーション障害、各種の高次脳機能障害などに広がってきていますので、今後活躍する分野はさらに拡大すると思われます。

●業務は幅広く、機能回復訓練以外にも

　言語聴覚士は、コミュニケーション障害を持つ人に対して、その人の自立と社会参加を支援するために、言語・聴覚・摂食・嚥下などの機能について、獲得や回復、機能代償方法の習得、環境整備、心理的サポートなどの専門的対処をします。医療で働く場合、おおまかな業務の流れは次のようになっています。

＜1　検査・評価＞
　医師の診断により、聞こえやことばに障害がある、またはその疑いがあるとされた人が、言語聴覚士のところへ紹介されてきます。言語聴覚士は、導入面接によって障害を選別し、およその状態がわかった段階で、その障害に合った検査を選択して実施する、行動観察をするなどして、問題やその問題が生じたメカニズムを詳しく調べます。また、障害の原因を求めて、生育歴や既往症、医学診断や処置、社会生活などに関する情報も集めます。

＜2　訓練・指導＞
　本人に対しては、機能の獲得や回復、障害された機能を代償する方法の習得などをめざして、その障害の症状や原因に合った言語聴覚療法プログラムを考え、実施します。難聴には補聴器や人工内耳のフィッティング、言語獲得を促すプログラム、言語発達障害のある子どもにはことばや認知の発達を促すプロ

ケアマネジャー
介護支援専門員ともよぶ。介護保険関連のサービスのコーディネートをする専門職。

介護福祉士
社会福祉施設などで、専門知識や技術で、心身に障害のある人の介護をしたり、介護方法の指導をする職種。養成施設を卒業するか、国家試験を受けて取得する国家資格。

グラム、発声・発音機能に障害がある場合は発声訓練や構音訓練、失語症には単語や文を聞いて理解したり、ものの名前を想起するプログラムなど、その内容は多岐にわたります。

同時に、適切なコミュニケーション環境を整えるために、家族などの周囲の者に働きかけます。また、対象者が家庭や学校、職場などにうまく適応できるよう、関係者に助言や指導も行います。

<3　訓練・指導の効果の測定>

訓練・指導プログラムを実施したら、どのような効果が得られたかを客観的に調べます。効果がみられる場合はその方針で続行し、効果がみられない場合は即座に原因を究明し、訓練の方針を修正します。

こうした業務を行うにあたって、言語聴覚士は常に医師または歯科医師、看護師、理学療法士、作業療法士などの医療専門職、ソーシャルワーカー、ケアマネジャー、介護福祉士などの福祉・介護職、教員等と協力しあい、情報を交換・共有します。そのためのケースカンファレンスも、重要な仕事のひとつとなっています。

●コミュニケーション障害の特殊性を理解して

肢体の運動障害と違って、コミュニケーション障害は、外見上把握しづらい、という特性があります。加えて、本人が自分の障害や不自由についてことばで訴えるのが難しいので、コミュニケーション障害は「見えにくい障害」といわれています。そのため、周囲の人間（家族でさえも）が本人の障害を正確に把握できない、的確に対応できない、という事態が往々に起こりえます。<2　訓練・指導>で述べた「関係者への助言・指導」は、本人への働きかけ同様、重要な仕事です。言語聴覚士は、リハビリテーションに関するさまざまな職種のなかでも、特に社会的視野が必要とされる仕事といえるでしょう。

また、人間の社会生活の根本であるコミュニケーションがスムーズに行えないことで、本人が心理的・社会的に受けるダメージは大きいものです。言語聴覚療法にあたっては、包括的かつ全人的なアプローチが求められます。

言語聴覚士が担うのは、言語聴覚療法です

ルポ❷

取材先◎国立障害者リハビリテーションセンター病院
しごと◎耳鼻咽喉科で働く言語聴覚士

難聴児のことばの獲得をサポート。聞こえのチェック、補聴器等の適合、生活面でのアドバイスも

■就学前の子どもを中心に、聴力チェックとことばの訓練を実施

　美留町美希子さんが対象としているのは、聴覚系の言語障害。おもに小学校入学前の難聴児を相手に、聴力チェックやことばの獲得のための訓練、補聴器や人工内耳の調整などを行っている。例えば取材した日は、午前中は4歳児の聴力検査と訓練を実施。午後は、13：00から1歳9か月の男の子の訓練、14：30から6歳児の人工内耳調整のための聞き取りテスト、15：30から7歳児の聴力検査を実施した。

　やんちゃ盛りの子どもを相手に、1人1時間から1時間半の時間をかけてじっくりと検査・訓練を行うというのは、想像以上に難しいものだ。小さな子どもはいすに15分座っていることさえ我慢できず、すぐに駆け出したり、むずかったりしてしまう。

　「特に2歳前のお子さんだと、"訓練に慣れる訓練"をしている感じです。大人とのやりとりに慣れてもらうために、落書きボードや手遊びで、遊びながら訓練しています」と美留町さん。子ども好きなだけでは勤まらない、根気と集中力のいる仕事だ。

■子どもの注意を引きつけながら聴力をチェック

　この日の午後、美留町さんが担当したのは、6歳になるミナちゃん（仮名）。人工内耳の調整のために、聞き取りのテストを受けにやってきた。幼児聴力検

国立身体障害者リハビリテーションセンター病院●DATA

1979年設立。身体障害者や身体障害者になる可能性のある人を対象に、診断と治療、リハビリテーションを行う。病床数200床、診療科数13科。医師30人、看護師80人、ST 9人、PT 9人、OT 7人。美留町さんのチームは、常勤3人・非常勤1人のSTが1か月あたり350人の聴覚障害者を対象に検査・訓練を実施。

査室に一緒に入室し、スピーカーの前にミナちゃんを座らせる。美留町さんは、横のオージオメーターという機械で音量を調節しながら、どの程度の音量まで聞こえるのかをチェックする。「人工内耳をつけた状態で、40dB（デシベル）前後の音が聞こえていればOK。大きい音が不快でないかもチェックします。問題があれば、人工内耳を調整しなくてはなりません」。

●追いかけた人

美留町美希子（びるまち みきこ）さん／1970年生まれ、東京都出身。慶應義塾大学大学院にて「子どもの言語獲得」をテーマに学び、97年修士課程修了。99年国立身体障害者リハビリテーションセンター学院卒業。同年より当病院に勤務。

「じゃあ始めるね。聞こえたら押してねー」と検査を開始。「ピヨピヨピヨ……」という音に反応して、「ハーイ」と手を上げるミナちゃん。音量を変えてチェックするうちに、どうしても周りが気になって、ガラスの向こうで検査の様子を見守る母親に「ここだよー」と呼びかけたり、いすから降りようとしたりする。そのたび、「シーッ、小さい音だよ、よく聞いててね」と呼びかけたり、おもちゃをスピーカーの前に置いてみせたりして、ミナちゃんの注意を引きつける。

この音量の検査にかかった時間はおよそ30分。待っていた母親に「問題ありませんでしたよ」と検査の結果を報告しつつ、「会話がずいぶんつながるようになってきているので、ことばの聞き取りの検査が楽しみですね」と笑顔を向ける。そして次の検査をするために、また別室へ入っていった。

■ ことばの獲得のために訓練も必要

聴能訓練室に入った美留町さんとミナちゃんは、机を挟んで向かいあう。「先生の言ったことばを書いてね」と、口を手で隠しながら「か…ら…す」「き…つ…ね」などの簡単なことばをゆっくり発音していく。口を隠すのは、口の形から何を言っているのか読み取るのを防ぐため。しかし、「わかんなーい、パス」と答えた問題に関しては、あえて口を見せて答えさせることもある。「ずーっと口を隠された状態で全然わからなかったりすると、テストそのものがいやになってしまうでしょう？　わざと達成感

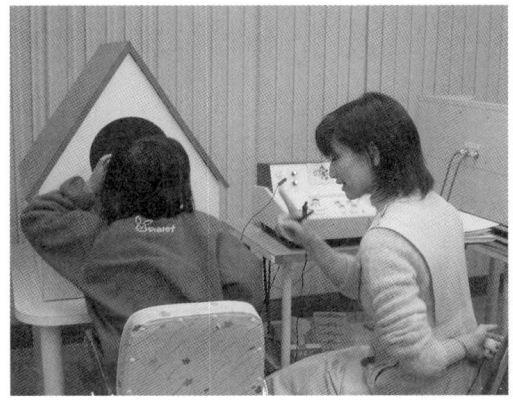

「もう1回やるから、よーく聞いててね」

を持たせて、やる気を持続させることもたびたびありますよ」。

　小学校入学前のミナちゃんだが、美留町さんのことばを聞き取っては、紙に書き、つづり方がわからないときはジェスチャーで答えたりする。

「文字で示したほうが助詞や語尾の使い方をマスターしやすいので、難聴のお子さんには早い段階から文字を覚えるようお勧めしています。5歳くらいになったら文字にトライしてもらっているんですよ」

　ある程度大きくなってから難聴になった人と違って、先天的に、あるいは乳幼児期に難聴になった子どもの場合、知能に問題がなくても、ことばの獲得が遅れがちになる。難聴だと、自分が注目していること、あるいは1対1で言われたことでなければ耳に入りにくく、必然的に頭に入ってくる語彙の数も少なくなってしまうためだ。また、ことばの概念と音が正しく結びつきにくい。しかし英単語を覚えるのと同じで、ことばの意味と発音を覚えておけば、はっきり聞き取れなくても、何を言われたのか理解しやすくなる。健聴児なら自然にことばを覚えるが、難聴児はことばの獲得のために訓練が必要なのだ。

　遊びたい盛りの子どもにことばを教えるには、工夫が必要だ。絵カードだけでなく、滑り台に登らせて「ほら、"高ーい"だよ」と教えたり……。「興味をいかに引くか、が重要なポイントですね」。

■保護者との面談も重要な仕事

　ミナちゃんの検査が終わったら、母親と日ごろの生活の様子や課題についての面談。「検査や訓練の前後、保護者の方には、絵カードを使っての語彙を増やす訓練をお願いしたり、家での働きかけについてアドバイスしたりしています」。例えば、「語彙を増やす訓練なら発音をいちいち直さないほうがいい、いちいち注意するとしゃべらなくなってしまう」といった細かいことまで話す。「ここに通院できるのは、多くても週に1回、1時間半が限度。小さい子は、親と接する時間が長いから、親からの働きかけがとても大事なんです」。

　相談の内容は多岐にわたる。この日も、聴覚障害が中等度の子の母親に、「障害者手帳を取得したほうがいいのかどうか」という相談を持ちかけられた。障害者手帳を取得すると、補聴器の補助など金銭的なサポートや各種援助を得ら

ある日の美留町さん

8:20	8:30	9:00	10:30	12:00	13:00	16:00	20:00
出勤	部会議	教材作り、外部との連絡	臨床	昼休み（保護者との相談）	臨床	記録の整理	帰宅

（20:00の前に：実習生のレポートや学会資料に目を通す）

れやすい、というメリットがある。しかしその一方で、手帳をもらうと障害者のレッテルを貼られるのではないか、と母親は心配しているのだ。

　この問題に関して、美留町さんは「障害を隠さず、補聴器が必要であること、それをつけても聞こえないことがある、と周りにアピールしたほうが人間関係もスムーズになるケースが多いですよ」とアドバイス。こうした保護者との面談に1時間くらいかかることもしばしばだ。子どもとのやりとりだけでなく、保護者へのケアも大きなウェイトを占めている。「悩めるお母さん方にとっては、若い私にいろいろ言われても、受け入れにくい部分もあるでしょうね。もっと経験と年齢を重ねて、信頼してもらえるようになりたい」と言う。

　最近は、子どもとの付き合いに戸惑っていた新人のころと違って、子どもが本当にかわいいと思えるようになり、親への共感もいっそう深まってきた。「子どもがかわいく思えると、ことばのやりとりもどんどん増えていくんです。ああ、ことばは意思を伝えるためだけにあるんじゃない、ことばをやりとりすることで愛情も育つんだ、と実感できるようになりました」。

■ **デスクワークも**

　もちろん仕事は、臨床や面談だけではない。臨床が始まる前、あるいは終わったあとはさまざまなデスクワークに追われる。午前中、10：30までは、訓練のための教材作り、補聴器販売店やろう学校（特別支援学校）の先生との連絡などの業務がある。臨床が終わってからの16：00以降は、記録の整理のほか、言語聴覚士をめざす実習生の指導や、授業の準備もこなさなくてはならない。学会発表のための準備などもあり、21：00ごろまでかかることも珍しくない。

　忙しい日々を送りながらも、「当分の間は、いまの仕事を極めたい」という美留町さん。そのためにも、学びたいことはたくさんある。「いまは、聴覚スクリーニングで難聴と診断された赤ちゃんと、その親御さんをフォローする体制作りの勉強会に参加したりしています。難聴とかかわりの深い領域についても、もっと勉強してみたいですね」。

（取材は2002年11月）

おもちゃを動かしてみせて、子どもが飽きないように工夫する

第1章 3.
言語聴覚士に求められる能力は？

●コミュニケーション障害と向きあうには豊かな人間性が必要
＜人間への関心と共感する心＞

　言語聴覚士は、生身の人間を相手に仕事をします。ですから、言語聴覚士には、人間そのものに関心があり、人間性豊かな人が向いています。

　人間への興味や関心は表面的なものではなく、深く相手を理解しようとするものです。相手が障害とどのように向きあっているか、リハビリテーションによってどのような生活や人生を築きたいと願っているのかを理解し、共感する心が求められるのです。

＜コミュニケーション能力＞

　重度の言語聴覚障害を持つ人は、表情など言語外の手段を用いて意思を伝えることも多く、相手の「伝えたいこと」を読み取る洞察力、想像力が求められます。また、言語聴覚療法は本人がやる気にならなければ成り立たない、という特徴があり、相手のやる気を引き出す能力も必要です。

＜倫理的感受性＞

　障害を持つ人の、人権やQOLを大切にできる心。それが、医療従事者による不用意な発言といった心理的加害や権利侵害を防ぐことになります。

●探究心や論理的思考力が必要
＜論理的思考力・科学的思考力＞

　コミュニケーション障害の原因や対処法は多岐にわたります。一人ひとりの症状や問題に適したプログラムを作成するには、膨大な知識を持ちながら、そ

QOL
Quality of Life の略で、「生活の質」「生命の質」「人生の質」などと訳される。

れを的確に利用する論理的思考力、実施した訓練・指導の効果を客観的に検証する科学的思考力が求められます。

＜生涯学び続ける意欲、自力の限界を認める謙虚さ＞

　言語聴覚障害の学問領域は比較的若いこともあり、次々と新しい知見や技法が発表されています。また、関連領域の学問の発展も日進月歩の勢いで、言語聴覚士が患者に最適のサービスを提供するために学ぶべきことは、尽きることがありません。「もっとよいアプローチがあるのでは」と常に学び続ける姿勢と、自分の技量の限界を認める謙虚さも、言語聴覚士には大事なことです。

＜協調性＞

　言語聴覚士は、医療や保健、福祉、教育などあらゆるジャンルにまたがって活躍します。対象者に最もよい専門的サービスを提供するには、さまざまなジャンルの職種の人と連携し、協力することが求められます。

●現場で活躍するには心身のタフさも

＜心身の健康＞

　障害がある人に接するには、まず自分が健康であることが第一です。自分の心身の状態がよくなくては、優れた技術を持っていても、それを適切に提供することができません。メリハリの利いた時間の使い方をし、心身を健康に保つ自己管理能力が欠かせないのです。

＜根気強さ、柔軟性＞

　コミュニケーション障害は、一度や二度の訓練・指導で急激に症状が改善し、問題が解決することは少ないのです。相手のペースに合わせ、焦らずじっくり訓練を展開する根気強さが必要です。また、訓練・指導中は相手の状態をじっくり観察し、状態に合わせてプログラムを変えていく柔軟性も求められます。

＜開拓精神＞

　まだまだ言語聴覚士の数は少なく、また職種そのものへの理解も進んでいないのが現状です。患者に直接対応することのほかに、職場で、あるいは社会で、「言語聴覚療法とは何か」ということ、そして言語聴覚療法の必要性をアピールしていく努力が、一人ひとりの言語聴覚士に求められています。

＜インタビュー1＞

養成校で後進を指導する言語聴覚士にきく

豊かなコミュニケーション能力が必要です

話をきいた人●稲村　恵さん

—— **言語聴覚士に向いているのはどんな人ですか。**

　言語聴覚士は、コミュニケーション障害を扱う仕事です。ですから、コミュニケーションに興味や関心があり、また自身もコミュニケーション能力が豊かであることが求められます。といっても、別に話し好きや明朗快活な人でなくてもいいんです。現場で言語聴覚士が実際に話す量は、決して多くはありませんから。言語聴覚士に最も必要なのは、相手のことばを「きく」力、そして相手の気持ちや考えを「読み取る」力です。

　言語聴覚士が対象とする方々は、障害があるために思うように話せません。障害によっては、一見スムースに話しているようで、実は思いとは別のことを言っておられるケースもあります。言語聴覚士はそうした、うまく話せない相手の思いを読み取りながら、訓練を展開していきます。学生のなかには沈黙が怖くてついしゃべりすぎてしまう人がいますが、そうなると相手の話はうまく引き出せないでしょうね。

—— **相手からことばを引き出すために大切なことは何でしょう。**

　身体的なリハビリテーションなら、本人以外の人が手足などを動かしてあげることもできますが、ことばの訓練は本人が口を閉ざしてしまったら先へは進みません。相手にリハビリテーションへの意欲を持ってもらうことが重要なんです。そのためには、相手に関心を持ち、何が問題なのか、どのようにすると

課題にのっていただけるのかを考えることが重要です。そこからリハビリテーションの糸口が見つかります。例えば、その方の生きがいや趣味を知ったうえで、訓練の内容に工夫を加える、というのもひとつの方法です。

―― **人間への好奇心が重要というわけですね。**

そう、そして柔軟性も必要です。患者さん一人ひとりの個性や障害に応じて、アプローチも変わってきます。どれが正解ともいえない、答えのないところで自分なりに訓練を組み立てていくのが言語聴覚士の仕事です。

また、善意の押しつけになることのないよう、冷たい頭と温かい心が大事だともいわれています。目の前の患者を冷静に分析し、科学的根拠のあるアプローチをすることが求められます。

―― **となると、科学的な面での勉強も必要になりますね。**

言語聴覚士の仕事をするには、言語や心理に関する勉強のほか、音響学や解剖学といった理系の勉強も必要です。こうした科目が苦手だと、学校でちょっと苦労するかもしれません。また医療の世界は日進月歩。言語聴覚士が対象とする障害や、アプローチの方法も、どんどん進化していきます。卒業後も勉強を続けなくてはならないんですよ。

もっとも学生は、勉強のこと以上に「いざ実習となると、患者さんと何をどう話していいのかわからない」と悩むケースが多いようです。やはり、コミュニケーション能力がキーとなりますね。

―― **コミュニケーション能力をのばすには、どうしたらいいでしょう。**

日ごろからさまざまな人と接し、コミュニケーションをとることに慣れておくことです。学生のうちから、異文化、異世代の方との交流を数多く経験するといいでしょうね。うちの学校でも、ボランティアサークルなどを通じて、福祉施設の利用者や患者会の方などと交流を深めている学生がたくさんいますよ。

そして、いろいろなことに興味や関心を持って感動する体験を増やし、自分自身を豊かにすること。読書、旅行、映画鑑賞、何でもいいんです。それに中高生のうちから、新聞を読んでほしいですね。異世代の方と話をするのに、重要な情報源となってくれると思います。

（取材は2002年11月）

いなむら めぐみさん

福井医療技術専門学校言語聴覚学科主任。1955年生まれ、福井県出身。日本福祉大学卒業後、金沢医科大学の聴覚言語外来にて研修を修了。福井総合病院にて18年間、言語療法に携わる。99年より現職。

第1章
4.

言語聴覚士の増加と質の向上が求められています

●国家資格が必要な専門職

　1997年に制定された言語聴覚士法により、言語聴覚療法に携わるには、国家資格が必要になりました。「言語聴覚療法」は、国が認めた「言語聴覚士」でなければ行うことができない、と法律で定められたのです。

　言語聴覚士として働くには、言語聴覚士国家試験に合格して、厚生労働大臣から免許を得なくてはなりません。

　リハビリテーションにかかわる国家資格はほかにもいくつかあります。基本的動作能力を対象として、運動療法や物理療法を用いる「理学療法士（略称PT）」、工芸などの作業を通じて応用的動作能力、社会的適応能力の回復を図る「作業療法士（略称OT）」などもそのひとつ。理学療法士と作業療法士は、1965年という比較的早い段階で国家資格化されたため、例えば理学療法士の有資格者数は約10万人（2012年現在）となっています。

●現在、多くの人が言語聴覚士を必要としている

　一方、言語聴覚士の数は2万1994人（2013年現在）。これに対して、コミュニケーション障害を持つ人は、日本に523万人、そのうち言語聴覚療法の対象となる人は105万人（1997年、厚生省「ST資格化懇談会報告書」）。およそ48人の患者を1人の言語聴覚士がみなくてはならない計算になります。

　言語聴覚障害を持つ人のニーズにこたえるには、医療機関だけでも9000〜1万1000人の言語聴覚士が必要とされています。実際には、言語聴覚障害を持ちながら、適切なリハビリテーションを受けられない患者も数多くいると考えら

国家資格
国が法律で定め、国や地方自治体が認定する資格。このほか、財団法人や社団法人が認定する公的資格、民間団体が任意に認定する民間資格がある。

新生児聴覚スクリーニング
p96参照。

れます。

●さらに、ニーズは拡大する

今後も、高齢化が進むことで、脳血管疾患による失語症、構音障害、摂食・嚥下（えんげ）障害、そして老人性難聴などに悩む人が増加すると考えられています。乳幼児が対象となる分野においても、新生児聴覚スクリーニングの普及により早期発見された難聴児の療育や、ことばの遅れへの対応が、言語聴覚士に求められています。

また、年齢や障害の内容を問わず、病院ではなく地域や在宅でのリハビリテーションを望む傾向が進むと考えられています。生活の場でのコミュニケーションの質の充実と、そのための支援が必要となるでしょう。

このように、言語聴覚士が活躍するフィールドは拡大しつつあり、さらに多くの言語聴覚士が誕生することが望まれているのです。

●資格取得後も学び続ける必要が

ただし、言語聴覚士の数さえ増えたらいい、というものではありません。言語聴覚士が提供するサービスの質の確保も重要です。制度面での整備も望まれるところですが、質の確保、向上は言語聴覚士一人ひとりの問題でもあるのです。

例えば言語聴覚療法の評価・訓練とかかわりの深い脳科学、生命科学、認知科学などの分野では、日々新しい研究成果が発表されています。言語聴覚士は、こうした最新情報を常に仕入れ、理解し、臨床に柔軟に取り入れていくことが求められています。

このほか技術の発展が著しいのが情報技術（IT）の分野です。これは、コミュニケーションの代替手段のさらなる開発、という恩恵をもたらす一方、情報技術を駆使できる人とそうでない人（＝情報弱者）の存在を生み出す、という問題もはらんでいます。コミュニケーション障害のある人にとっては、必ずしもITの発展するこれからの社会が生活しやすいものになるとは限りません。こうしたトピックスにも関心を持ち続け、常に最良のアプローチを心がけることが、一人ひとりの言語聴覚士に求められているのです。

第1章 — 5.

言語聴覚士になるにはこんな道のりが

●養成校を経て国家試験を受けるのが一般的

　言語聴覚士の免許を取得するには、国家試験に合格することが必要です。国家試験は全部で12科目あり、受験するには、一定の教育を受けて受験資格を得なくてはならないと、言語聴覚士法第33条に定められています。言語聴覚士になるには、養成校で数年間学び、さらに国家試験を受験する、という高いハードルをクリアしなくてはならないのです。

　受験資格を得るためのコースはいくつかあります。代表的なのは、文部科学大臣または厚生労働大臣が指定した養成校で学ぶ次の3つのコースです。
① 高校卒業後、4年制の大学に進学
② 高校卒業後、4年制や3年制の専門学校に進学
③ 一般の4年制大学卒業後、2年制の専門学校等に進学

　なお、指定された科目を大学で学び、受験資格を得る場合などもあります。

●養成校では幅広い分野を履修

　養成校では、コミュニケーション障害の病態や医学的処置といった医学的な知識はもちろんのこと、人間の心の働きを理解するための心理学や認知科学、ことばや音声のしくみについての言語学や音声学、社会福祉や教育についての科目も学ぶことになるでしょう。受験資格取得の方法、養成校で学ぶ科目や国家試験についての詳細は、第5章（p107〜）を参照してください。

　言語聴覚士はコミュニケーション障害がある人を支援する、とても有意義な仕事です。勉強は大変ですが、決意を固めたなら、ぜひがんばってください。

●第1章
あなたのイメージは合っていた？

立ち止まってチェック！

STEP 1 次のうち、正しいと思うものに○をつけてみましょう。

1. 言語聴覚士のおもな仕事は、耳の聞こえない人に手話を教えること
2. 言語聴覚士として働くには、国家資格が必要
3. 言語聴覚士は他の専門職と連携して業務を行うことが少ない
4. 言語聴覚士は、話し好きでなくては勤まらない
5. 国家資格なので、資格さえ取得すればあとの勉強は必要ない
6. まだ知名度は低いが、今後需要の拡大が見込まれる職種だ

STEP 2 あなたの理解度はどれくらいでしょう。

1.	×	言語聴覚士が対象としているのは、おもにコミュニケーションの障害。聞こえの障害、発声や発音の障害、失語症、言語発達障害のほか、摂食・嚥下の障害、認知症や高次脳機能障害がある人のリハビリテーションを行います。
2.	○	1997年に制定された言語聴覚士法により、言語聴覚士として働くには、言語聴覚士国家試験に合格して、厚生労働大臣から免許を得る必要があります。
3.	×	言語聴覚療法では、医師または歯科医師、看護師、理学療法士、作業療法士などの医療専門職、ソーシャルワーカー、ケアマネジャー、介護福祉士などの福祉・介護職、教員等とのチーム連携が必要です。また、対象者が家庭や学校、職場などでの生活で社会的不利をこうむることがないよう、関係者に助言や指導も行います。
4.	×	言語聴覚士は多弁である必要はありません。むしろ、相手のことばを理解し、引き出す能力のほうが重要です。
5.	×	よいサービスを提供するには、資格取得後も言語聴覚療法に関する最新の知識や技術を学び、リハビリテーションに適切に取り入れる姿勢が大切です。
6.	○	現状ではおよそ48人の患者に対して言語聴覚士が1人。言語聴覚障害を持ちながら、言語聴覚療法を受けられない患者も数多くいると考えられます。言語聴覚障害を持つ人のニーズにこたえるには、さらに多くの言語聴覚士が誕生することが望まれています。

```
          ┌─────────────┐
          │  プロローグ  │
          └──────┬──────┘
                 ▼
第1章  ┌─────────────┐
       │ 資格のあらまし │
       └──────┬──────┘
              ▼        ◀── あなたはいまここ!!
第2章  ┌─────────────┐    ┌──────────────────┐
       │  仕事の内容  │    │ 言語聴覚士がことば │
       └──────┬──────┘    │ の障害を扱う専門職 │
              ▼           │ であることを知った │
第3章  ┌─────────────┐    └──────────────────┘
       │   働く現実   │
       └──────┬──────┘
              ▼
第4章  ┌─────────────┐
       │ 将来の可能性 │
       └──────┬──────┘
              ▼
第5章  ┌─────────────┐
       │ 進路の選び方 │
       └─────────────┘
```

第 **2** 章

言語聴覚士の仕事は幅広い年齢層を対象にします

言語聴覚士の約7割は医療機関で働き、
小児から高齢者まで幅広い年齢層の
ことばや聞こえの障害の検査や訓練を行っています。
対象者のよりよい生活を考え、他職種のスタッフとの
話し合いや、家族、周囲の人へのアドバイスもしていきます。
その仕事内容について、さらに詳しく見ていきましょう。

第2章 1.
聞こえの障害を対象に

●聴覚の障害にもさまざまな種類がある

耳鼻咽喉科（いんこう）やリハビリテーション科、難聴幼児通園施設などに所属する言語聴覚士は、聞こえの障害（聴覚障害）を持つ人を相手に検査や訓練、補聴器のフィッティングなどを行います。

聴覚障害とは、聞こえが不十分であったり、ほとんど聞こえなかったりする状態のことで、難聴ともいいます。難聴は、問題が生じた場所によって、おもに以下の2つに分類されます。

＜伝音性難聴（音を伝える器官の障害）＞
外耳や中耳に問題が生じ、内耳に音が伝わりにくくなったことによる聞こえの障害。補聴器などで音を増幅して伝えれば、比較的よく聞こえるようになる場合があります。

＜感音性難聴（音を感じる器官の障害）＞
内耳の感覚細胞、聴神経、脳の中枢の感音系のいずれかに問題が生じたことによる聞こえの障害。聞こえない、聞こえても不十分でかつ音がゆがんで聞こえる、聞こえてもことばがわからないなどの症状があります。加齢による老人性難聴も感音性難聴のひとつです。

※以上の2種が混合した混合型の難聴

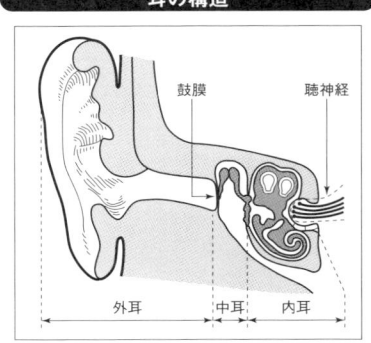

耳の構造
鼓膜　聴神経
外耳　中耳　内耳

【福祉での聴覚障害の位置付けは？】

A 身体障害者福祉法では、「両耳の聴力レベルがそれぞれ70dB以上のもの」、「一耳の聴力レベルが90dB以上、他耳の聴力レベルが50dB以上のもの」のいずれかにあてはまる場合を「聴覚障害」としています。

補聴器
マイクロホンから入った音を電気信号に変え、大きく増幅してからイヤホンを通じて耳に伝える機器。

第2章　言語聴覚士の仕事は幅広い年齢層を対象にします

もあります。

●対象年齢によって検査方法を変える

　耳鼻咽喉科に所属する言語聴覚士に限らず、ことばに問題がある患者を担当するときは、まずは聴力に問題がないかを調べるために、聴力検査を行うのが一般的です。聴力検査には下に示すようなものがあり、対象者の年齢や症状によって検査方法の組み合わせを変えます。

●補聴器や人工内耳の調整も

　聴覚障害がある人が残された聴力を活用するために使うもののひとつに、補聴器があります。ポケット形、耳掛け形、挿耳形（そうじ）、ベビー用、骨導型、FM補聴器などがあります。

　聞こえの障害をカバーし、また症状を悪化させないためには、こうしたさまざまな補聴器のなかから、難聴のタイプや用途に合わせて最適なものを選ぶことが必要です。また、聴力の特徴に合わせて音質や音の大きさを調整しなければなりません。言語聴覚士は、補聴器を適切に活用できるよう指導します。

　また、重度の感音難聴者には人工内耳の装用が普及しつつあり、最近では幼児への適用が増加しています。人工内耳の活用についてのアドバイス、聞き取り能力を高めるための指導なども、言語聴覚士の役割となっています。

●幼児の場合はことばの獲得もサポート

　ことばの獲得には、耳から入る音声情報が重要な役割を果たしています。ですから、ことばの獲得期にある子どもに聴覚障害があると、知能に遅れがなくても、言語発達に遅れや偏りが生じることになります。こうした子どもに対しては、補聴器や人工内耳の利用をサポートするほか、コミュニケーション関係の確立、音やことばへの気付き、ことばによるコミュニケーションの促進、より複雑な語彙（ごい）や文法の獲得など、順次支援することになります。こうした指導・訓練を効果的なものとするには、保護者や教育機関との連携も不可欠です。

人工内耳
内耳の感覚細胞が機能していない重度の感音難聴の場合には、手術によって電極を内耳に埋め込むことで、聴神経に電気信号を直接伝えるようにしたもの。

おもな聴力検査法

標準純音聴力検査	防音室で対象者にヘッドホンをつけ、いろいろな高さや大きさの音を流して聞こえの状態を調べる。
語音聴力検査	日本語の単音節が、どの程度の音の大きさだと何％正しく聞き取れるかを調べる検査。
BOA（聴性行動反応聴力検査）	おもに乳児が対象。楽器などの音を聞かせて、振り向く、音源を探すなどの反応から聴力レベルをおおまかに測定。
COR（条件詮索反応聴力検査）	おもに1〜2歳児が対象。「音が聞こえると楽しいものが見える」という条件付けをしておく。そのうえで音だけで音源の方向に振り向くかどうかによって聴力レベルを測定する。
ピープショウテスト	おもに3歳以上の子どもが対象。音が出ているときにボタンを押すと、のぞき窓からおもちゃが見える装置を使用。
遊戯聴力検査	おもに3歳以上の子どもが対象。音が聞こえたら積み木を1つずつ積む、シールを貼るなどのルールを設け、レシーバをつけた子どもの聴力を検査。
ABR（聴性脳幹反応聴力検査）	聴性電気反応を応用した検査の一つ。眠っている子どもに音を聞かせ、それにより誘発された脳波をコンピュータで記録し、聴力を測定。乳児や遊戯聴力検査が困難な子どもに有効な検査法。

聞こえの障害を対象に

第2章
2.
発声、発音、食べることの機能回復を支える

●話すための器官や機能の障害に取り組む

　発声・発音は、肺・胸郭、声帯、舌、軟口蓋（こうがい）、唇などの発声発音器官が密接にかかわりあいながら遂行されます。発音する動作は構音といいます。何かを表現したいと思ったとき、単語や文を思い浮かべていても発声や発音にかかわる器官が動いてくれなくては、音声や語音になりません。こうした構音障害は、大きく分けて以下のように分類されます。

＜運動障害性構音障害＞
　脳卒中の後遺症などにより、発声発音器官に麻痺（まひ）などの運動障害がある場合。発音の誤りや声質の異常、話すスピードの低下などが起き、いわゆるロレツが回らない話し方になります。

＜器質性構音障害＞
　舌がんによって舌や口の一部を切除した場合や口唇口蓋裂、舌の形態異常などによって生じた構音の障害がそれにあたります。
　言語聴覚士は、耳鼻咽喉科（いんこう）、形成外科、口腔（こうくう）外科等の医師と連携を取りながら、一人ひとりに適した方法で構音をする訓練を行います。

＜機能性構音障害＞
　運動機能にも発声発音器官の形態にも問題がないのに、構音がうまくできない状態。多くは、発音のしかたを習得する過程で誤った発音動作を学習したために起こります。
　言語聴覚士は、問題の原因を考えて、誤った発音のしかたの習慣を取り除き、

第2章　言語聴覚士の仕事は幅広い年齢層を対象にします

口唇口蓋裂（こうしんこうがいれつ）
胎児のころの形成不全により、唇や口蓋に起きた奇形。

嚥下造影検査
医師や放射線技師などとともに、エックス線を用いて、食べ物を飲み込む様子を撮影し、観察する検査。

正しい発音動作を習得させます。

　このほか、「構音には問題がないけれども声に異常がある」音声障害や、流暢(りゅうちょう)に話すことが難しい「吃音(きつおん)」なども言語聴覚士による訓練の対象となります。いずれにせよ、障害の適切な評価と、訓練の組み立てが求められます。

●食べることの障害にも対応

　発声発音器官に異常があると、多くの場合は、食べる、飲み込むといった行為にも支障が起きます。おもな症状としては、食べ物が口からこぼれる、かめない、うまく飲み込めない、むせる、などがあり、重症の場合は気管から肺に食物が入って肺炎を起こしたり、窒息することもあります。これを「摂食・嚥(えん)下(げ)障害」といいます。摂食・嚥下障害があると、「食べる喜び」が損なわれ、ひいては生きる意欲の低下、生命維持の危機にもつながります。

　この障害には、医師、看護師、栄養士、介護スタッフ、リハビリテーションスタッフが一丸となって取り組むことが必要です。なかでも、口やのどの機能に詳しい言語聴覚士は、摂食・嚥下障害の評価や訓練において中心的存在となることが望まれています。

●摂食・嚥下障害の評価・訓練は「安全」を考えて

　摂食・嚥下障害を評価するには、発声発音器官の動きを調べたり、摂食行為を観察するほか、「嚥下造影検査」によって、飲み込む動作を実際に観察します。患者が安全に摂ることができる一口の分量、姿勢や介助法、食べ物の適切な形態などを調べます。また、「食べて、飲み込む」プロセスのどこに問題があるのか、原因は何なのか、といったことも探ります。

　それを踏まえて、「咀嚼(そしゃく)して、飲み込む」ために必要な器官の運動訓練をしたり、飲み込む反射を高めるための訓練を実施します。また、危険のないように、唾液(だえき)や空気を飲み込む訓練を経てから、実際に水や食べ物を使っての訓練に入ることもあります。訓練だけでなく、安全な食事摂取が可能となる食物の形態や調理法、食べるときの姿勢や介助法などを栄養士やケアスタッフ、家族などに指導することも重要な役割のひとつとなっています。

第2章

3. 「ことばの遅れ」を持つ子どもとその親をサポート

●ことばの遅れの原因はいろいろ

　人間は、0歳から10代初期までの間に言語を習得します。特に生まれてから3、4歳までの間は、語彙や文法の土台が一通り完成する重要な時期。ことばの遅れは早期に発見し、言語聴覚士などの専門職が連携して指導・訓練にあたることが重要です。

　ことばの遅れは、保健センターの乳幼児健診（1歳6か月健診、3歳児健診など）のほか、家庭や保育園・幼稚園などで発見されることがほとんど。「ことばの遅れの可能性あり」と診断された子どもは、医療機関、療育施設、相談センターなどでさらに検査・判定を受けます。この段階から言語聴覚士はかかわります。そして、そこで言語聴覚療法が必要とみなされれば、指導・訓練が始まります。

　ことばの遅れの原因（右ページ参照）によって、その子どもや家族が治療や訓練、指導を受ける機関は異なります。知的発達の遅れや対人関係の障害、脳損傷なら、医療機関や療育施設がおもに対応します。聞こえの障害に原因がある場合は、耳鼻咽喉科や難聴幼児通園施設などが対応します。

●原因と遅れの程度を探るのが第一歩

　言語聴覚士の役割のひとつが、ことばの遅れの検査・評価をすること。まず前段階として、聴力と知能その他の発達全般に問題がないか調べます。それを踏まえて、ことばを「どの程度理解できているのか」、「どの程度表現できるのか」、「コミュニケーションそのものに適切な意欲や関心があるのか」を把握し、そ

児童相談所
都道府県と指定都市が設置する児童福祉行政機関。児童に関する家庭からの各種相談に応じ、その児童、家庭にとって最も効果的な援助を行う。

脳性麻痺（まひ）
先天的に、あるいは新生児期に、脳に病変が起こり、身体の運動機能に障害が生じた状態。

の後の訓練プログラムを組み立てる際の資料とします。

●**語彙、文法のほかコミュニケーションの方法そのものを訓練**

言語聴覚士が行う訓練・指導には次のようなものがあります。

＜ことばやコミュニケーションに関心を持たせる＞

遊びなどを通じて、人とのコミュニケーションに関心を持たせます。また、生活習慣を通じて、ものごとにはことばをはじめとする「記号」があることを教え、その習得を図ります。

＜語彙の習得＞

実物、絵（イラスト）、身振り、音声など、その子が理解しやすい手段を用いて、単語の理解、表現の習得を促します。

＜文法の習得＞

単語を連結して、より複雑な表現ができるよう訓練します。

＜文字の習得＞

文字を読み、書くことを指導します。聴覚に障害のある子ども、自閉的傾向のある子どもには、早期から導入してコミュニケーションの手段にすると同時に、学習にも役立てることがあります。

●**医療のほか福祉、保健、教育の場にまたがっての対応が必要**

子どものコミュニケーション障害に対しては、「リハビリテーション」というよりは、ことばの「獲得」そのものをサポートすることになります。そのため、言語聴覚士による専門的な訓練だけではなく、子どもを取り巻く生活環境全般の整備と多方面からのアプローチが必要です。

そこで言語聴覚士は、発達段階に合った遊びのグループや学びの場を整えるために、保育所や学校などと連携したり、家庭で適切な養育環境を保てるよう養育者と話し合ったりします。

子どものことばの遅れには、医療、福祉、保健、教育とあらゆる機関が連携して取り組むことが求められています。

ことばの遅れのおもな原因

■**知的発達の遅れ**
知的発達障害により、ものごとの概念の発達が進まないためことばの獲得が遅れる

■**対人関係の障害**
自閉的傾向などにより、人とのやりとりや外界の刺激に対する関心が薄かったり、偏りがあったりすると、ことばを使うことだけではなく、それ以外でのコミュニケーションが困難になる

■**脳損傷**
脳性麻痺や後天性の小児失語など。損傷を受けた時期や部位によって、ことばの遅れの程度は異なる

※「特異的言語発達障害」とよばれ、聴力や知的発達に問題はみられないが、言語の習得のみが特異的に遅れるケースもある

ルポ❸

取材先◎横浜市総合リハビリテーションセンター
しごと◎難聴幼児通園施設で働く言語聴覚士

ことばの獲得だけでなく、よりよいコミュニケーションのとり方を援助する

■難聴幼児通園施設で評価・訓練を担当

　サッカーワールドカップで沸いた、神奈川県の新横浜界隈。その競技場の目の前に、横浜市総合リハビリテーションセンターはある。和泉千寿世さんが働くのは、そのなかの「通園療育課第3療育係」。県内唯一の難聴幼児通園施設として、難聴や言語発達遅滞などの障害を持つ子どもたちを受け入れている。

　ここにやってくる子どもたちは、医師の診断、そして言語聴覚士（ST）による聴力検査や言語発達の評価を経て、必要に応じて言語指導を受ける。指導は、原則として1時間〜2時間半の個別指導だが、このほか週に一度、3〜5歳の難聴児のためのグループ指導も行われている。

　「言語指導は、医師からの指示を受けて行っています。最初に言語評価を行い、訓練の必要性、親御さんのニーズ、訓練のゴールについて医師と話し合ったうえで、訓練のプログラムを立てています」と和泉さん。

　和泉さんは、毎日、午前・午後それぞれ2ケース、通園児の訓練や新患の子どもの評価を担当。その合間を縫って、補聴器のフィッティングや保護者との面談なども行っている。

　朝夕には会議や他職種とのケースカンファレンスが入り、訓練の準備や記録もする。通園施設全体で、クリスマス会や遠足などの行事も数多く実施しているため、そのための準備も必要だ。臨床以外の仕事もけっこう多い。

横浜市総合リハビリテーションセンター●DATA

神奈川県横浜市が設置主体となり、1987年開設。乳幼児から老人までの、障害またはその疑いのある人を対象に、専門的かつ総合的なリハビリテーションを実施。小児の療育部門のスタッフは、医師3人、看護師1人、PT3人、OT2人、ST6人、臨床心理士7人、保育士8人、児童指導員9人など、計46人。

■トータルなコミュニケーションを指導

さて、実際の訓練の様子を見てみよう。取材した日の午後、和泉さんが担当したのは、養護学校4年生のヒロト君(仮名)。難聴、知的障害、視覚障害、運動障害などがあり、3歳のころからここに通っている。

●追いかけた人

和泉千寿世(いずみ ちとせ)さん／1959年生まれ、山形県出身。81年大学卒業、教員免許と社会福祉主事任用資格取得。児童指導員としての勤務を経て、86年国立身体障害者リハビリテーションセンター学院入学。翌年卒業、当センターに勤務。

13：00、聴能訓練室にヒロト君と入室。あいさつのあと、まずは音声面での理解に関する訓練をスタート。眼鏡やコップなどの絵が描かれた木製パズルのはめ板を見せ、「これは何？」と尋ねる。ヒロト君は音声と、さらに身振りを交えて返答。パ行やマ行の音以外は、明瞭な発音が難しいためだ。一通り終わると、今度は、聞き取りのみではめ板を選べるかどうかチェック。はめ板を4つ並べ、和泉さんが手で口を隠しながら「めがね」と発音し、「どれ？」とはめ板を選ぶよう促す。ヒロト君が悩んでいると、口から手を外し、口の形を見せながらゆっくりと発音する。そうやって該当するはめ板を選べたら、和泉さんはにっこりほほえんで、「そう！　め・が・ね」と発音を促す。ヒロト君が口真似をすると、「上手、いいよー」と拍手。それがうれしくて、ヒロト君もにこにこしながら拍手した。

「ヒロト君は音声だけでことばを認識するのが苦手なのですが、口形での区別が上手になってきました。だから、"眼鏡""コップ"など、口形が違うことばを組み合わせて、口形の手がかりをもとに音声の聞き取り能力を伸ばすようにしています」。もちろん、こうした訓練方針は、子どもの難聴の程度に合わせて変えていく。軽い難聴なら、口形の見えないテープ音声を使って訓練することもある。

聞き取り訓練の次に取り組んだのが、文字の理解のための訓練。今回使ったのは、家族の写真、そして漢字で名前が書かれたカードだ。家族の写真を見せながら名前が書かれたカードを選んでも

パソコンを使って作文をするヒロト君。落ち着いた操作ぶりで、次々と文章を作っていく

らう、逆に名前のカードを見せて写真を選んでもらうなどして、文字と家族の顔を結びつけて理解できるよう、15分ほど取り組んだ。

　先ほどの音声に関する訓練にしても、この文字に関する訓練にしても、和泉さんは、話しことばでのやりとりに固執しない。双方、手話や身振り、シンボル（マーク）を駆使して、意思の疎通を図っている。「ヒロト君の場合、音声のみの聞き取りや発音は難しいんです。そこで、よりスムーズなやりとりをめざして、手話や絵、文字を駆使してのトータルなコミュニケーションを指導してきました」という。

■**パソコンや代替機器も駆使**
　13：30をまわったところで、今度はパソコンが登場。ノートパソコンを開いたヒロト君は、マウスを手にアイコンを次々とクリックして、お目当てのソフトを起動した。SDP＝スピーキング・ダイナミカリー・プロといって、マークを使っての作文が可能なソフトだ。ヒロト君は、マークやひらがなをクリックして「ヒロトは学校に行く」といった文を次々と作成。「彼は視覚の障害もあるので、パソコンのマスターは難しいかな、と思っていたんです。でも、いざ導入してみたら、ご覧のとおり。いまではインターネットにアクセスして、お気に入りのバスの画像を取り込んだりもできるようになったんですよ」と和泉さん。かなりスムーズに操作できるので、ここはほとんど見守る程度だ。

　パソコンでの訓練が20分ほど経過したところで、終了時間が近づいてきた。「終わりだから、ママに文章を見てもらおう」と、隣室から訓練の様子をモニター映像で見守っていた母親を呼ぶ。和泉さんは、入室した母親としばし面談。この日の訓練や日常生活の様子について話し合った。この日の話題の中心は、ボカフレックスの導入についてだ。

　ボカフレックスとは、マークを押すと音声が流れる、携帯型のコミュニケーションツール。たとえば「トイレ」マークを押すと「トイレに行きたい」という音声が流れる。これが使いこなせれば、学校やおつかいなどで、ヒロト君とのやりとりに慣れていない人に対しても、比較的スムーズに要求を伝えることが可能になる。「今日は機械を貸し出しますから、おうちでも試してみてくださ

ある日の和泉さん

8:45	訓練準備
9:00	訓練
10:30	訓練
12:30	補聴器のフィッティング
13:00	昼食
13:30	新患評価
14:40	訓練
15:40	コミュニケーションボードについて保護者と検討
16:10	会議
17:15	記録整理・教材準備
18:40	帰宅

い。うまくいけば導入を考えてみましょう」と提案。「ボカフレックスは、AAC（補助代替コミュニケーション）が必要な子どもにはかなり有効です。うまく使いこなせるようになれば、もっともっと地域社会に出ることができるようになりますよ」と励ます。

　もっとも、パソコンやボカフレックスなど便利な機械が普及しても、従来の訓練法が不要になるわけではない。「基本は音声、文字、表情、身振り、機器などを使ってのトータルなコミュニケーション。今後もそれをしっかり育てたいですね」。

■保護者を精神面でサポートすることにも心をくだく

　ヒロト君をはじめ、子どもたちは、ここでの訓練をおもしろいように吸収して、成長している。「毎回、"こんなことができるようになった！"とうれしくなります。特にうれしいのは、障害を持つ我が子に対して、あきらめや失望を感じていた親御さんが、子どもの成長ぶりを見て、"子どもといると楽しい、かわいい"と喜んでくださるときですね」。

　そう、保護者とのかかわりは重要な仕事だ。はんらんする情報に振り回されて、障害を持つ子どもとどう向きあい、家族関係を築いていけばいいのかわからず、悩む親は多い。子どものことばの獲得を手伝うと同時に、両親を精神面でサポートし、適切な養育環境を整えることも重要な仕事だ。

　「親御さんとの相談で気をつけるのは、そのときそのときの相手の気持ちや行間を読むこと。相手の表情や体調を見て、場合によっては精神的なケアを行うよう心がけています。親御さんからの要望に的確に応えられるよう、臨床の技術を深めたいですね」

　難聴幼児の良好な対人コミュニケーション関係の育成と、家庭療育・保護者への援助を目標に掲げる施設のなかで、障害を持つ子どもとその親を支えてきた和泉さん。さらに今後は、障害を持つ子どもを受け入れる場を地域社会で開拓したい、と考えている。

　　　（取材は2002年11月）

訓練のあと、お母さんとの面談。今日使った録音テープの音量を確認してもらう

第2章

4. 成人の言語障害に取り組み、充実した生活が送れるよう支援

●脳の病変によって生じる失語症に対応

　ことばによるコミュニケーション障害には、入力系（聞こえ）の障害、出力系（発声や発音）の障害だけでなく、伝えたい意味を単語や文で表現したり、単語や文の意味を理解したりする言語機能の障害もあります。言語聴覚士が扱う、成人の後天的な言語機能障害に、「失語症」があります。

　失語症は、言語機能をつかさどる脳の領域（言語野）が、脳卒中、交通事故などによる脳外傷、脳腫瘍などにより損傷されることで起こります。おもな症状としては、以下のようなものがあります。

- 喚語困難……伝えたい意味を表す単語を喚起できない。
- 錯語……「いす」と言おうとしているのに「つくえ」と言ってしまうなど、目標とする単語とは別の単語が出てしまう。
- 失文法……単語をつなげて文に組み立てることができない。
- 発語失行……発声発音器官に異常がないのに、構音を誤り、とつとつとしたぎこちない話し方になる。
- 復唱の障害……単語や文を復唱することができない。
- 聴覚的理解の障害……単語や文は聞こえているが、その意味を理解することができない。
- 読むことの障害……文字は見えているのに、その意味を理解したり、音読することができない。
- 書字の障害……伝えたい意味を文字で書き表すことができない。

言語野
大脳のうち、単語や文で伝えたい意味を表現したり、単語や文の意味を理解する部分。右利きの人の98％以上、左利きの人の3分の2は、左側の脳に言語野がある。

失行
運動障害がないにもかかわらず、手や足を意図したとおりに用いることができない状態。

こうした障害がどのように組み合わさって現れるかは脳の病変部位によって異なり、失語症は複数のタイプに分けられます。

● 失語症以外の高次脳機能障害にも対応

脳の損傷を受けた部位によっては、発声発音の障害や、言語以外の高次脳機能（記憶、注意、知的機能、認知、行為など）に障害が起きます。

高次脳機能障害としては、記憶障害、注意障害、失行、失認（p50脚注参照）、半側視空間無視（p50脚注参照）などがあります。また、脳が萎縮し、変性していく認知症を持つ人もいます。認知症は、記憶、知能、行動面の障害などをもたらします。

認知症や注意障害、記憶障害があると、脳の言語野に病変が及んでいなくても、ことばによるコミュニケーションに質的な異常が生じることがあります。ことばによるコミュニケーションの問題やそれに影響を及ぼすさまざまな高次脳機能障害にも、言語聴覚士は専門的に対応します。

● 的確な評価が、効果ある訓練の第一歩

一見同じように「家族とうまくコミュニケーションがとれない」症状に見えても、その障害が起きるメカニズムは全く異なり、したがって対処法も異なることを認識していることが重要です。「おかしなことを言っている、ぼけてしまった」と周囲に誤解されている失語症の患者がいると考えられます。

失語症は、意識・記憶・思考が正常でもそれを正しく表現できない状態ですが、認知症は言語機能が正常でも、記憶や思考そのものが障害されている状態です。障害の本質が違うので、認知症と失語症はリハビリテーションやケアの方法が全く異なります。言語聴覚士は、ことばやコミュニケーション、記憶、知的機能などに問題を持つ患者一人ひとりの症状や発生メカニズムを把握し、それに対応したプログラムを組み立て訓練を行います。

医師が診断をし、患者が紹介されると、言語聴覚士はまず言語、記憶、知能、発声発音などに関する検査を必要に応じて行います。

これらの検査結果を踏まえて、障害の種類、症状、発現メカニズム、訓練プログラム、障害の改善の見通しなどを検討します。

脳血管疾患によるコミュニケーション障害

	病変部位	症状
失語症	大脳優位半球の言語野	言語符号を操作する機能が障害され、言いたいことを単語や文に符号化する、単語や文の意味を解読することが困難となる
構音障害	中枢神経系、末梢神経系、筋系	舌、軟口蓋などの構音器官の運動が障害され、発声、構音、共鳴に異常が生じる
右半球病変によるコミュニケーション障害	右大脳半球	多弁で一貫性がない発話、場面に不適切な発話、話しことばのメロディーの異常などが生じる

「チーム医療における言語聴覚士の役割」『JIM』vol.12　2002年

●意思疎通を回復するための訓練

　ここからは、失語症を中心とした言語障害への取り組みの説明です。

　訓練では、言語機能の回復をめざすことと並び、残された機能を活用して実用的なコミュニケーションがとれるようになることを重視します。また、心理面や社会参加の問題にも対応し、充実した生活を送れるよう支援します。具体的には以下のようなアプローチを行います。

(1)障害を受けた言語機能の回復または再編成……言いたい意味を単語や文に表現する機能、単語や文の意味を理解する機能、漢字や仮名文字を読み書きする機能などの活性化をめざします。

(2)残された機能を活用して周りの人と効率よくコミュニケーションを行う訓練……文字、ジェスチャー、描画などを用いたコミュニケーションの訓練。会話技能の向上をめざした訓練。コミュニケーションノートなどのAAC（補助代替コミュニケーション）利用をめざした訓練などをします。

(3)家族などへの指導（環境の整備）……障害の状態を説明し、周りの人に本人とどういう方法を用いれば意思疎通をすることができるか指導します。

　また、言語機能の障害と同時に、片麻痺などの運動障害や知覚障害を持つ患者も多くいます。言語聴覚士は医師、看護師、理学療法士、作業療法士などとチームを組み、定期的にケース会議を開きます。そこでお互いに情報を交換し、共通の目標を設定して各側面からのリハビリテーションを行います。

　一般に、言語機能の回復は発症後半年または1年以内が大きく、その後は緩やかになります。そのため、患者が発症後早い段階から訓練が受けられるよう、働きかけることが必要です。

●心理面でのサポートと社会参加の支援も

　言語訓練が効果をあげるには、訓練に本人が意欲を持って取り組むことが重要です。しかし、失語症は「ある日突然」発症します。ことばを失った本人の心理的なショックは大きく、自分の状態を客観的にみられないだけでなく、大きな悲しみ、自信喪失、無力感などに襲われていることが少なくありません。そんな心理状態では今後の生活を前向きに考えられず、訓練に取り組む気には

失認
視覚、聴覚、知覚に問題はないが、いずれかの感覚を介して「それが何であるか」を認識できない状態。

半側視空間無視
脳の病変側と反対側にあるものを見ようとしない状態。左側無視が多い。

なれないことでしょう。

　言語聴覚士は、本人が障害を心理的に受け止め、自分に適した生活を再び築くことができるよう、心理面のサポートもします。

　同時に、家族の心理面もサポートし、障害の状態やコミュニケーションのとり方、接し方を具体的に指導します。

　また、「その人らしい」生活を取り戻すために、障害があっても積極的にさまざまな形態の社会参加ができるよう本人に働きかけます。社会参加には、職場、近所付き合い、患者の会などへの復帰や参加などがあります。場合によっては、受け入れ側に、障害の説明などを行い、受け入れ態勢の整備も手伝います。

　対象者の生活を支援するには、介護職、福祉職や医療ケースワーカーとの連携が必要です。言語聴覚士は、施設内の訓練にとどまらず、その人の生活全体を見据えたサポートを、さまざまな職種の人と連携しながら行うのです。

●訓練はさまざまな施設が連携して行う

　成人の言語聴覚療法は、発症後なるべく早期に開始し、訓練効果を確かめながら進めます。発症からの時間経過によって、異なる施設で言語訓練が行われる場合があります。

　例えば、発症直後の急性期や機能の回復が望める回復期は、病院や診療所、リハビリテーションセンターなどで、入院や外来の形で言語聴覚療法が行われます。機能回復が緩やかになる維持期には医療機関を離れて、介護保険対象の介護老人保健施設や通所施設、保健センターなどで言語聴覚療法が継続されていきます。

　人口の高齢化が進み、今後も成人のコミュニケーション障害は増加していくと考えられます。言語聴覚療法のサービスのさらなる普及が望まれるところです。

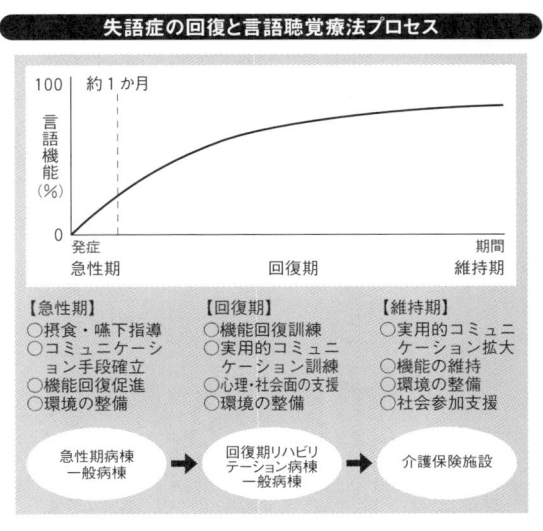

失語症の回復と言語聴覚療法プロセス

グラフ: 縦軸 言語機能（％） 0～100、横軸 期間（発症→急性期→回復期→維持期）、約1か月で急性期

【急性期】
○摂食・嚥下指導
○コミュニケーション手段確立
○機能回復促進
○環境の整備

【回復期】
○機能回復訓練
○実用的コミュニケーション訓練
○心理・社会面の支援
○環境の整備

【維持期】
○実用的コミュニケーション拡大
○機能の維持
○環境の整備
○社会参加支援

急性期病棟・一般病棟 → 回復期リハビリテーション病棟・一般病棟 → 介護保険施設

成人の言語障害に取り組み、充実した生活が送れるよう支援

ルポ ❹

取材先◎介護老人保健施設　マロニエ苑
しごと◎高齢者の入所施設で働く言語聴覚士

高齢者のための入所施設で生活に密着した専門的サービスを提供する

■入所施設の言語聴覚士として勤務

　那須連山を望む、マロニエ苑。入り口そばの大ホールでは、車いすに乗った高齢者が数人、のんびりとくつろいでいる。ここは、介護保険で要介護認定を受けた高齢者を対象に、家庭生活・社会生活への復帰をめざして介護やリハビリテーション（以下リハビリと略）を実施する介護老人保健施設。入所のほか、通所での利用も可能だ。
　「こうした施設を利用する方は、失語症や認知症があったりして、何かしらコミュニケーション障害を持っている可能性が高いんです。また、摂食・嚥下障害も多いのです。ですから、当苑では、入所時に必ず言語聴覚士（以下ST）が初期評価をしています」と黒羽真美さん。彼女は、この施設で唯一のSTだ。

■集団エクササイズでもさりげなく対象者を見守る

　この日は14：00から、大ホールで理学療法士・作業療法士（以下PT・OT）が主導しての集団エクササイズが始まった。入所療養者が50人ほど集合。9割以上が車いす利用者だ。その集団のなかに、黒羽さんの姿もある。
　「はい、みなさんこんにちはー」と司会役のスタッフがエクササイズを開始。合図に合わせてみんなで首を曲げ伸ばし、肩を回し、腰をひねる……。体操がすむと、「次はじゃんけん大会を始めまーす」と元気な声が響いた。
　じゃんけん大会が始まると、黒羽さんは車いすの女性に寄り添って、じゃん

介護老人保健施設　マロニエ苑●DATA

1990年、栃木県那須郡に開設された介護老人保健施設。医学的管理が必要な高齢者を対象に、医療、看護、介護、リハビリテーションを実施。病床数200床、医師（常勤）2人、看護師26人、ST1人、PT4人、OT4人、ケアスタッフ69人。入所療養のほか、通所介護や通所リハビリテーションも行う。

第2章　言語聴覚士の仕事は幅広い年齢層を対象にします

けんの援助をしている。「じゃんけんぽんっ」の掛け声とともに、女性の横で一緒に手を出す。「この方は難聴なので、じゃんけんを出すタイミングがつかめません。そこで、一緒に私が手を動かして合図していたんです」。

それだけではない。黒羽さんは集団エクササイズ中、ことばの障害を持つ人が集団エクササイズのなかでどんな能力が発揮できるのかを気にかけている。「皆さんの初期評価結果は頭に入っていますから、その情報をもとに、指示の必要な人のところについて、反応を見ながら声かけしたりしています」。

ちょっとした指示を出すことで、周りや本人が「できない」とあきらめていることが、実はできるようになる……、それを本人や他のスタッフに認識してもらうことも目的のひとつだ。また、個別のリハビリを敬遠して受けない人には、集団エクササイズでの様子をそれとなく見守りながらアプローチの方法を考えたりもする。エクササイズ自体はPT・OTによるものだが、黒羽さんはSTとしてできることを考えながらそこにいる。

■集団言語聴覚療法で言語的な働きかけを

一方、STが主導で5、6人のグループを対象に集団言語聴覚療法を実施する日もある。個別言語聴覚療法の対象になっていない、おもに認知症や高次脳機能障害の療養者が対象だ。「施設で生活をしていると、ことばをたくさん使わなくてもそれで生活できてしまいます。ですから、他のリハビリスタッフにはできない、コミュニケーションを必要とする課題を心がけています」。歌を歌って発声訓練を兼ねる、花のカレンダーを作って季節感を楽しんでもらう、子どものころの思い出を語りあう……。あえて冬空の下を散歩すれば「寒い」という感覚から季節感を思い出すかもしれない。単調になりがちな施設での生活に刺激を与え、「自分がいま、どんな状

●追いかけた人

黒羽真美（くろは まみ）さん／1977年生まれ、茨城県出身。2000年国際医療福祉大学保健学部言語聴覚障害学科卒。同年より当施設勤務。1日あたり2〜5ケースの個別言語聴覚療法に取り組むほか、週に2回、集団言語聴覚療法にも取り組む。

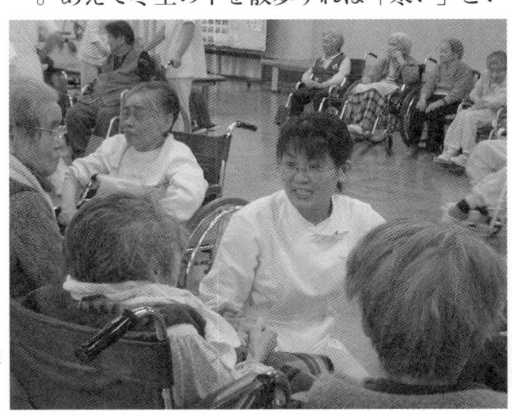

「いいですか、いきますよー、じゃーんけーんぽんっ」。認知症や難聴の人同士の対戦では黒羽さんが音頭をとる

況にいるのか」という認識を確かなものにするよう働きかけている。

■個別言語聴覚療法では症状に合わせたプログラムを展開

15：00になると、おやつの時間のため、集団エクササイズは終了。15：20から黒羽さんは個別言語聴覚療法を行う。あいさつや「今日のお天気は？」「週末は何をしていらっしゃいました？」など簡単なやりとりから始め、絵カードを使って「これは何ですか？」と訓練開始。この男性は重度のブローカ失語（p56脚注参照）があるので、ことばが話せるように、「"手紙"の"て"は、舌ではじいて」と口の動かし方まで指導している。

これが次のケースの女性となると、同じように絵カードを使っていても、微妙にやりとりは異なってくる。この女性は、ウェルニッケ失語（p56脚注参照）があり、猫の絵を見て「子ども」と言ってしまったり、太陽の絵を見て「新聞」と答えてしまったりする。そのつど黒羽さんは、「ニャーニャーと鳴く……」「空に輝く……」と意味のヒントを出し、答えが出るのをじっくり待つ。

「現在の仕事は失語症や構音障害、摂食・嚥下障害への対応が中心。認知症や記憶障害の方などのために、もっとプログラムの幅を広げたいと思うこともしばしばです」と言う。ここで働き始めて3年近く、ようやくスムーズに日常的な業務がこなせるようになってきて、「あれもできるようになりたい、もっとやれるような気がする」と思う毎日だ。

■訓練室内の評価では得られない、生活の様子も参考に

介護老人保健施設は、リハビリ専門施設ではない。医療、看護、介護も行うため、そうした「ケアのための時間」も必要だ。特に午前中は入浴、食後の排泄タイムなどがあり、必然的にリハビリに取り組む時間は限られてくる。

「ケアのためにリハビリができない時間帯は、療養棟のベッドサイドを回って、情報収集を心がけています。日中の様子を本人やほかの療養者の方に聞いたり、実際に会話している様子を見たり……」。売店での買い物の様子を目にして、「文字盤を使えばうまくやりとりができるかも」とリハビリに取り入れたことも。生活の様子を見ることで、訓練室内での評価だけでは得られない、問題点やヒントが得られる。入所施設ならではのやり方だ。「ここでは、生活の質を高める

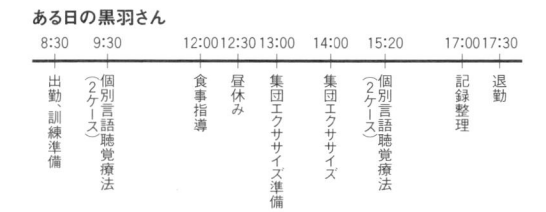

ある日の黒羽さん

8:30	9:30	12:00	12:30	13:00	14:00	15:20	17:00	17:30
出勤、訓練準備	個別言語聴覚療法（2ケース）	食事指導	昼休み	集団エクササイズ準備	集団エクササイズ	個別言語聴覚療法（2ケース）	記録整理	退勤

ことを目標に、家族や職員の対応も含めて対応策を考えます」。

　最近は初期評価に基づいて、スタッフへの対応の指導なども行っている。「なんでこうなるの？　と悩むケアスタッフに、その理由をSTが説明するだけで、接し方も変わります。"この方は記憶障害で、ちょっと前のことを聞かれると混乱してしまう。日常の注意点などは紙に書いて見えるところに貼って"などと」。

　ケアスタッフ・家族と療養者の関係が改善すれば、本人のコミュニケーション機能にも好影響を及ぼす。言語に関する障害は、外面からはわかりにくいだけに、STによる評価と周囲への説明は、重要なポイントなのだ。

■施設初、唯一のSTとして

　食事時もSTとしての仕事が待っている。摂食・嚥下障害のある人の食事の様子を見ながら、一人ひとりに適した摂食方法を周囲のスタッフに指導するのだ。

　もともとマロニエ苑では、介護のためのケアスタッフとリハビリのためのスタッフの役割分担がしっかりしている。しかし黒羽さんがここに就職したころは、「食事の介助をSTができないか」という強い要望があった。でも、「たった1人のSTとして、1人の人に付きっきりになって食事の介助をするよりも、巡回してケアスタッフを指導したほうが、多くの人の改善につながる」と説明し、それがいまは理解されている。

　STの役割がまだ十分に理解されていない施設では、「STが何のためにいるのか」から周囲に説明しなくてはならない。黒羽さん自身、マロニエ苑初の、そして唯一のSTとして、STの仕事内容を周囲のスタッフに理解されるように努力してきた。「スタッフ全員に説明するのは大変なので、キーパーソンを見出してその方にしっかり伝えてもらう、といった工夫もしましたよ」。

　今後は、PTやOTとの連携を深めるために、もっと幅広くリハビリについても学びたい、と語る。「片麻痺の方への対応、姿勢と摂食嚥下の関係など、STとしての仕事をより充実させるためにも、勉強してみたいですね」。翌日も研修に出かけるという、黒羽さんだった。

　　　　（取材は2002年11月）

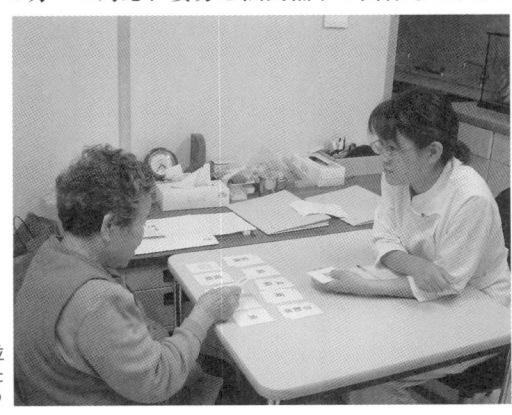

絵や漢字のカードを並べて黒羽さんの言ったことばを選んでもらう

第2章

5. 養成機関や研究機関などでサービスの質、量の向上をめざす

●サービスのさらなる向上をめざして

　本章の4.まで説明してきたとおり、言語聴覚士の多くは、言語聴覚障害のある人を対象として実際に訓練や指導をする臨床を行っています。しかし、言語聴覚療法のサービスの向上や普及をめざすには、臨床現場以外のフィールドでも言語聴覚士が活躍することが必要です。

　まず、サービスのさらなる向上のために不可欠なのが言語聴覚障害に関する幅広い研究です。例えば、より効果的な指導や訓練の方法を開発するには、コミュニケーションの過程やそれに関係する諸機能の解明、あるいは障害の起きるメカニズムや回復メカニズムの解明、代償機能を用いたコミュニケーションの確立などに関する研究が欠かせません。

　言語聴覚士の学問的な専門領域は、健常なコミュニケーションについて究明し、それをもとにさまざまな言語聴覚障害の特徴とその発生メカニズムを解明し、評価、訓練、指導等の方法を開発、また言語聴覚障害がある人への社会的支援のあり方などを追求する、応用科学の一分野です。医学、工学、言語学、心理学、音響学などとの学際的研究も欠かせません（p98〜参照）。

　言語聴覚士がその専門性を生かして研究を行う機関としては、国内外の大学のほか、公立・私立の研究機関などがあります。ただ、現時点ではこれらの職に携わる言語聴覚士は少数。研究機関に勤めている言語聴覚士でも、同時に臨床を行っている人が大半です。大学についていえば、言語聴覚士の指定養成校である大学（2013年4月現在、20校）のうち、大学院を併設しているのは13校

第2章　言語聴覚士の仕事は幅広い年齢層を対象にします

ブローカ失語
失語症のなかでも、発話は非流暢で構音はぎこちなく、文の形で話すことは困難だが、単語や文を聞いて理解することは比較的に良好、というタイプ。左大脳半球の下前頭回（前のほうの部分）の病変による。

ウェルニッケ失語
発話は流暢で文の形で話すが、錯語（p48参照）が多く、内容のない話をする。単語や文を聞いて理解することが顕著に障害され、読み書きも障害される。左大脳半球の上側頭回（後ろのほうの部分）の病変による。

ですが、幅広い教養と深い専門知識が必要な言語聴覚士の世界では、その数も進学者も増加していく傾向にあります。

●**臨床家も研究・発表への取り組みを**
　医療や福祉の現場で臨床に携わる言語聴覚士は、常に国内外の新しい研究成果を取り入れ、第一線の専門的サービスを提供していくことが必要です。

　また、サービスの向上をめざすには、一人ひとりの言語聴覚士が「よりよい訓練・指導法」を開発する意識を持って、毎日の臨床データを記録し、自分なりのテーマを持ってまとめていくことが望ましいのです。そして積極的に研究成果を発表して他の言語聴覚士や関連職などと情報を共有していく、臨床研究への取り組みが期待されています。

●**言語聴覚療法を担う人材を養成**
　言語聴覚療法のサービスを普及し、質を向上させるため、その担い手である言語聴覚士を養成する学校が増えてきました。言語聴覚士の養成校で教員として後進の養成にかかわるのも、言語聴覚士の大事な仕事のひとつ。

　とはいえ、養成機関で専任教員として働くには、まず臨床経験を５年以上積まなくてはなりません。また、養成校の教員の多くは、博士や修士の学位を持っています。後進の養成に携わるには、現場で経験を積むと同時に、大学院で学ぶなどして高度な知識、技術、価値観を身につけることが有効です。

●**これから言語聴覚士の活躍が期待されるフィールド**
　医療や福祉の分野では言語聴覚療法の役割が認知されつつありますが、今後、言語聴覚士の活躍が期待される分野としては次のような場があります。

(1)**保健機関**……保健所などで子どもの発達の検査・評価、失語症や発音障害のリハビリテーション、認知症や摂食・嚥下（えんげ）障害がある人の専門的対応をします。

(2)**教育機関**……公立学校に設置されている「ことばの教室」「難聴学級」における指導は、現在、教員免許を持つ学校教員が行っていますが、言語聴覚障害に関する専門的知識や技術が以前にも増して求められるようになってきました。このほか、言語聴覚障害を持つ子どもが在籍する特別支援学級や特別支援学校でも、言語聴覚障害に関する専門的知識やサービスが重要となってきています。

＜インタビュー2＞

大学に勤務する言語聴覚士にきく
世界一の治療をしたい、それが原動力

話をきいた人●小林 範子さん

——北里大学の教授として、後進の指導、研究、臨床と3つの分野で活躍していらっしゃいます。軸足はどのお仕事に置いていらっしゃいますか。

　大学病院で臨床を行いながら、大学の教員として、教育と研究をしています。教育職の名目で収入を得ていますから、「教育です」とお答えしておこうかしら（笑）。それに大学の将来も考えていかなくてはいけない、経営の立場というのもありますね。でも、もともとは研究や教育に携わるなんて考えてもいませんでした。ずっと臨床を続けるつもりだったんです。

——研究の世界に入るきっかけは何だったのでしょう。

　臨床を始めて5年たったころから、「もっと技術と知識を獲得しなければいい臨床ができない」という危機感にさいなまれ始めて。本を読んで勉強しようにも、当時、日本での研究はあまり進んでおらず、日本語の専門書はわずか数十冊。すぐに読み尽くしてしまって、「医師ならば、膨大な知識や研究の機会に恵まれているのに」と悔しいような、うらやましいような気持ちでしたね。そこへ、留学の話が持ちあがって、親に借金して渡米しました。

——アメリカはどうでしたか。

　学ぶべきことがたくさん！　2年間マスターコースで言語病理学を専攻したあと、音声科学に目覚めてさらにドクターコースへ進み、5年間研究生活を送りました。以来、発声や発音の障害を中心に研究しています。当時もいまも言

語聴覚療法に関するアメリカの研究は、トップレベルだと感じます。
──そこで学んだことは、帰国後の臨床で役立ちましたか。
　ええ、音声と吃音(きつおん)の治療ではそれを感じますね。特に日本における吃音の臨床は立ち遅れていると思います。日本では、吃音は「治らない」とされていて、専ら「吃音を受け入れましょう」というような心理ケアのみに走りがちなんです。でも、重度の吃音の方でも、アメリカで行われている「流暢性促進訓練(りゅうちょう)」を導入してみたら、すらすら話せるようになることもある。「治らない」という認識を持つ言語聴覚士は、勉強不足ではないでしょうか。
　患者さんやその家族は、最良の治療を求めるものでしょう？　その思いにこたえるには、世界一のレベルをめざさなきゃ。患者さんの幸せを本当に考えるなら、日本語の文献を読むだけでは足りません。言語聴覚士なら、海外で書かれた文献も読まないと、一流の仕事ができない。自分で英語を読めないのなら、誰かにお金を払って訳してもらってでも読むべきだと私は思います。
──研究者だけでなく、臨床をする言語聴覚士にも勉強は必要なのですね。
　そして、科学的態度も大切です。臨床を重ねながら、データをとって、筋道を構築したうえで訓練を行うこと。例えば発声・発音の訓練で、腹式呼吸を指示する。これは直感的には効果がありそうですが、のどの力を抜くためなら、腹式呼吸よりもあくびやため息をさせる方法のほうがより合理的なんです。
　こういう小さなこと一つひとつでも、研究を重ねて科学的根拠があるのかどうか検証しなくてはなりません。医療の世界では、「EBM（Evidence Based Medicine）」といって、証拠中心主義になりつつあります。言語聴覚士の行う訓練や治療は、たとえ間違っていても発見されにくいんです。だからこそ、その訓練がベストか、常に証明していくことがより求められますね。
──教育者として、言語聴覚士をめざす学生には、何を伝えたいですか。
　いちばん強調したいのは、「患者さんの痛みを感じてほしい」ということ。それができてこそ、「コミュニケーションに関する苦しみを、少しでも効率よく直したい」という気持ちも生まれます。研究をはじめとする科学的アプローチは、そのための重要な手段なんですよ。

(取材は2002年11月)

こばやし　のりこさん
北里大学医療衛生学部教授。1947年生まれ、茨城県出身。国立聴力言語障害センター附属聴能言語専門職員養成所卒後、7年間の臨床経験を積む。88年ニューヨーク市立大学博士課程修了。92年より現職。

[言語聴覚療法っていつからあるの?]

answer
言語聴覚療法の担い手の養成は日本では1971年から始まっています

　言語聴覚障害に関する研究が日本で本格的に始まったのは、約50年前のこと。第二次世界大戦後、アメリカから言語病理学が導入され、1955年に日本オージオロジー学会、1956年に日本音声言語医学会が誕生したころにさかのぼります。

　学問分野だけでなく、医療・福祉の分野で実際の活動が始まったのはその少しあと。国の障害福祉政策の一環として、1958年、国立ろうあ者更生相談所（64年に国立聴力言語障害センターと改称）が開設されました。ここで言語聴覚障害の総合的なリハビリテーションへの取り組みが始まり、それに関する臨床・研究・教育が本格的にスタートしたのです。

　1960年代末から、言語聴覚療法の担い手の育成を求める声が高まり、71年に国立聴力言語障害センターに大卒者を対象に聴能言語専門職員養成所が併設されました。同養成所は現在、「国立障害者リハビリテーションセンター学院言語聴覚学科」となっています。

　言語聴覚障害のある人への専門的サービスの担い手の重要性が認識されるにしたがって、言語聴覚療法の重要性が認知され、言語聴覚障害に専門的に対応する者の資格制度と資質の向上が求められるようになりました。しかし資格制度の制定には時間がかかりました。1997年、国会で言語聴覚士法が成立して「言語聴覚士」が国家資格化され、制度のなかに正式に位置付けられました。2000年には言語聴覚士の職能団体である日本言語聴覚士協会が発足し、言語聴覚士がよりよい専門的サービスを提供するために必要な基盤づくりなど幅広く活動しています。

●第2章
言語聴覚士の仕事がどんな障害を対象にするか、わかった？

聞こえの障害：伝音性難聴、感音性難聴など

聞こえの障害（聴覚障害）のある人を相手に、検査や訓練、補聴器のフィッティングなどを行う。対象が言語獲得期にある幼児の場合は、ことばの獲得もサポート。

話すことの障害：構音障害、吃音（きつおん）など

声帯や舌、唇など、話すための発声発語器官に障害がある人や、声に異常がある人、流暢（りゅうちょう）に話すことが難しい吃音なども、言語聴覚士による評価、訓練の対象となる。

食べることの障害：摂食・嚥下（えんげ）障害など

食べ物が口からこぼれる、うまく飲み込めない、むせる、といった摂食・嚥下障害に対しても、口やのどの機能に詳しい専門家として取り組む。

ことばの遅れ：子どもの言語発達障害など

知的発達の遅れ、対人関係の障害、脳の損傷などにより、言語機能の発達が遅れている子どもに対して、ことばなどによるコミュニケーション法の獲得をサポートする。

成人の言語障害：失語症、記憶障害、認知症など

失語症など、脳の損傷などによって生じた高次脳機能障害に取り組み、評価・訓練・指導を実施。「その人らしい」充実した生活を送れるよう支援する。

その他の活躍フィールド

研究機関での研究、養成機関での後進の指導などにより、言語聴覚療法サービスの普及と向上に貢献することも。

```
          プロローグ
             ↓
第1章  資格のあらまし
             ↓
第2章  仕事の内容
             ↓                あなたはいまここ!!
第3章  働く現実              言語聴覚療法の
             ↓                対象となる障害が
第4章  将来の可能性          わかってきた
             ↓
第5章  進路の選び方
```

第3章
言語聴覚士の職業生活の実際は…

言語聴覚士の仕事に興味が出てきたけれど、
実際に、どんな人がどんな場所で働いているのか、
仕事の充実度はどうなのか、気になります。
そして、就職するなら、やはり給与や待遇も
チェックしておきたい。やりがいなど精神面も含め、
言語聴覚士の職業生活の実際を紹介しましょう。

第3章
1. どんな人がどんな場所で働いているの?

●約8割が女性、若い人が多い

　言語聴覚士としてすでに活躍している人は、どんな人で、どんな場所で働いているのか、気になるところです。言語聴覚士の職能団体である日本言語聴覚士協会の調査（2013年3月）によると、協会の正会員のうち、女性は78.3％、男性は21.7％を占めていて、女性が多い職種であることがわかります。

　また、年齢は、30代が44.2％と最も多く、次いで20代が32.9％、40代が13.4％となっていて、比較的若い人の割合が高い傾向が見られます。養成校の充実などにより、今後も若い言語聴覚士が増えていくと考えられます。

●職場の約7割が医療機関

　働く場所として主流を占めるのが、病院や診療所といった医療機関です。先の日本言語聴覚士協会の調査では、正会員の73.7％が医療機関で仕事をしています。具体的には耳鼻咽喉科や、リハビリテーション科といったところで働く言語聴覚士が多いようです。

　介護老人保健施設や特別養護老人ホームなどで働く人は、数としてはそれほど多くないのですが、増加傾向にあります。例えば介護老人保健施設の入所者の6割ほどは失語症や発音障害、難聴などのコミュニケーション障害があると推定されており、言語聴覚療法を行い、他のスタッフに適切な対応の方法を伝えることのできる言語聴覚士は、こうした施設で今後さらに活躍できると期待されています。

　2003年春の介護報酬改定から、言語聴覚療法が通所リハビリテーションにお

介護老人保健施設（老健）
入院は必要ないが、看護、医学的管理下で介護およびリハビリテーションを行う高齢者のための施設。入所・在宅サービスを行い、家庭復帰をめざす。

特別養護老人ホーム（特養）
寝たきりや認知症などのため、常時介護が必要な高齢者が入所する施設。

いても実施できるようになりました。2009年の改定では、訪問リハビリテーションにも単価が設定されました。介護保険において言語聴覚士が活躍する場は今後も拡大していくと思われます。

● **都道府県により言語聴覚士の数にばらつき**

養成校の有無などにより、言語聴覚士の分布にはばらつきがあります。

先の日本言語聴覚士協会の調査と、直近の人口推計をもとに算出してみると、人口10万人あたりの言語聴覚士の数は、全都道府県平均で9.5人です。15人以上いる都道府県は、福井県（23.6人）を筆頭に、高知県、佐賀県、鹿児島県、大分県となっています。

逆に、少ないのが、10万人あたり6.3人の滋賀県。そのほか10万人あたりの言語聴覚士が8人より少ないところは、大阪府、三重県、神奈川県、東京都、静岡県、秋田県、岩手県などです。全国どこでも質の高い言語聴覚療法サービスが受けられるように、こうした地域の偏りを解消することが望まれています。

ちなみにトップの福井県は、全国初の高卒者対象の養成校、福井医療技術専門学校（現在は福井医療短期大学）がある県で、その卒業生らを中心に、言語聴覚士が活躍する場が増加してきました。同業者や資料が少ない県に勤めている言語聴覚士は、それなりに、同じ地域で働く言語聴覚士と緊密に情報交換をしながら、研鑽（けんさん）を重ねています。

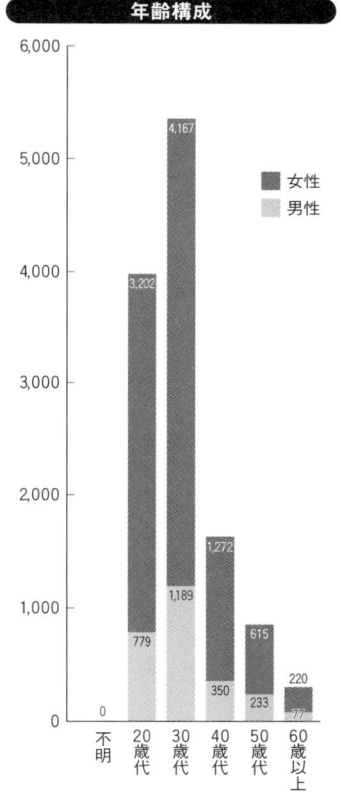

年齢構成

年代	男性	女性
不明	0	
20歳代	779	3,202
30歳代	1,189	4,167
40歳代	350	1,272
50歳代	233	615
60歳以上	77	220

勤務先の分布

- 医療 73.7%
- 福祉 8.0%
- 養成校 2.5%
- 老健・特養 8.7%
- 学校教育 2.0%
- 研究・教育機関 1.3%
- その他 1.7%
- 不明 2.1%

N＝11,828人

どちらも、日本言語聴覚士協会調べ（2013年3月）

どんな人がどんな場所で働いているの？

ルポ❺

取材先◎慶應義塾大学病院
しごと◎リハビリテーション科課長

1日の制限いっぱい個別療法を行い、管理職としての仕事も。でもそれが言語聴覚療法の発展につながる

■特定機能病院では急性期の患者が多い

　東京都新宿区にある慶應義塾大学病院は、病床数1072床を誇る大病院だ。診療科も、内科なら消化器内科、神経内科、呼吸・循環器内科ほか、外科なら一般・消化器外科、心臓血管外科、脳神経外科……と細かく分かれ、院内はさまざまな病気やけがの治療に訪れた患者でごったがえしている。

　大病院といえば、「3時間待ちの3分診療」というイメージがある。しかし、言語聴覚療法は、1単位20分という制度もあって、そうはならない。ここ、リハビリテーション科にある言語聴覚療法室でも、言語聴覚士の立石雅子さんが、朝から入院患者のニシノさん（仮名）の言語訓練にじっくりと取り組んでいた。「朝御飯は何を召し上がりました？」と明るく問いかける立石さんに、「……？」と考え込んでしまうニシノさん。「御飯でしたか？　パンでしたか？」とヒントを出しても、なかなかうまく反応が出てこない。「絵で描くとわかりやすいかもしれませんね」と、マジックでさらさらと御飯を盛った茶わんとパンの絵を描いて、返事を引き出そうとする。ニシノさんは、脳梗塞による失語症を発症してからまだ5日たったばかりだ。

　慶應義塾大学病院のように、「高度な医療を提供する」ことを目的とする特定機能病院では、高度な医療を必要とする患者と、急性期の患者を診ることが望ましいとされている。「患者さんのうち、入院（病棟からの）患者さんは急性期

慶應義塾大学病院●DATA
東京都新宿区。1920年開院。1994年特定機能病院の承認取得。病床数1072床。病院全体で、「言語聴覚療法Ⅰ」の施設基準を満たす。リハビリテーション科には医師8人、看護師1人、言語聴覚士常勤2人（耳鼻科にも常勤1人）、理学療法士12人、作業療法士5人ほかが在籍。

の方がほとんど」と立石さんは言う。平均入院期間も病院全体で17日と短いため、患者は包括的な評価を行う前に退院して、リハビリテーション専門病院に移っていく人が多い。
「発症したばかりの方に対しては、おもに日常的なやりとりを行いながら、了解（聞かれたことに対する理解）と表出に関する評価と、訓練を並行して行います。訓練といってもまだ本格的なものではなくて、"自分の状況を理解していただく"準備段階といったところですね。まずやっておかなければならないことは、ここから回復期リハビリテーション病院などに移っても、そこでスムーズに集中的な訓練に入れるようにすることです」

●追いかけた人

立石雅子（たていし まさこ）さん／1954年、東京都出身。東京大学文学部卒後、国立聴力言語障害センター附属聴能言語専門職員養成所卒。医学博士。77年慶應義塾大学病院に勤務、2000年よりリハビリテーション科課長。日本言語聴覚士協会副会長。

■嚥下障害の患者、維持期の患者も

ニシノさんの訓練を40分ほど行ったあとにやってきた患者は、同病院の歯科口腔外科で舌腺と口腔底の切除手術を受けて入院中のイシダさん（仮名）。その後遺症として構音と嚥下に障害が残った。現在は発音器官を動かす訓練や、唾液や空気を飲み込む訓練から食べ物を飲み込む直接訓練に移ったところだ。

立石さんはイシダさんに、「昨日と比べてどうですか？　氷は試してみました？　ゼリーは？」と問いかける。「ここが痛いんだよね」という訴えにも、「ティッシュを使わないですんでいるということは、唾液は飲み込んでいらっしゃるということですよ。痛みや痰はあっても、飲み込むことはできています」と丁寧に説明。症状を一つひとつ説明して疑問を解消することで、本人もリハビリテーションに前向きに取り組めると考えるからだ。

イシダさんの疑問や訴えにひとしきり耳を傾けたあと、「ちょっと痛いかもしれませんが、がんばって口を動かす練習をしてみましょう。口の運動をしないと、発音が不明瞭になりますからね」と励ましながら、訓練用のカセットテープを流す。
「これに合わせて練習しまし

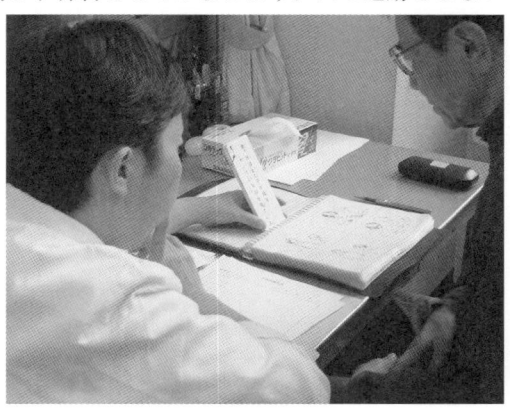

提示した文章に合った絵を探してもらう。こういった教材の準備は診療時間外に行う

ょう。ゆっくりでいいですから、できるだけ口を開いて……」とアドバイス。

　次に言語聴覚療法室を訪れたのは、外来患者のナリタさん（仮名）。脳梗塞を発症してから10年以上たつ維持期の失語症患者だ。「お久し振りです。いかがですか？」と、課題のはかどりぐあいや家での様子を、本人と付き添いの家族に確認。「負担でなければ、毎日少しずつでも書いたりお話をなさってくださいね。毎日毎日、練習をすることが大事なんですよ」と留意点などを丁寧に話す。

　外来からは、こうした発症後数か月から数年という維持期の患者も多くやってくる。「維持期の患者さんに対しては、日々の生活のなかでことばの刺激を増やすための家族指導も重要です。時にはこの方のようにホームプログラムをやっていただくこともありますよ」という。やってくる患者の障害やその原因も千差万別。時には優しく聞き役に徹し、時にはテンポよく発音を促し、相手の反応や集中力を見ながら柔軟に検査や訓練を展開する。

■1日18単位の制限いっぱいまで

　ナリタさんが帰ったあとも、維持期の失語症の患者が1人、脳梗塞で嚥下障害を起こしている入院患者が1人、事故で高次脳機能障害を起こした患者が1人……と次々とやってくる。午前最後の訓練が終わったときには12：00はとうに過ぎていた。

　「ここは民間病院ですから、売り上げのことも考えなくてはなりません。診療報酬は、個別療法なら言語聴覚士一人につき1日18単位（1単位20分）まで請求できますから、16：30までの診察時間の間に、18単位行うことを目標にしています」と立石さん。一人の患者に1単位20分の個別療法を行うか、2単位40分の個別療法を行うか、あるいは集団療法を行うかは、対象者の集中力や症状、発症からの経過などによって決める。

■他職種のスタッフと連携しつつ、評価・訓練以外の業務も

　ゆっくりと昼食をとる間もなく、13：00からは、カンファレンス（症例検討会）。週に一度、リハビリテーション科の医師、言語聴覚士、理学療法士、作業療法士が一室に集まって、個々のケースについて話し合う時間だ。

　カンファレンスの時間に限らず、医師やその他スタッフと話し合う機会は多

ある日の立石さん

7:30	8:30	9:00	12:30	13:00	13:30	15:30	16:30	20:30
出勤	日本言語聴覚士協会の業務など患者への対応準備申し送り事項の確認	リハビリテーション科スタッフのミーティング	臨床業務		カンファレンス	臨床業務	臨床業務、ビデオ嚥下造影検査	診療記録作成、書類作成、臨床のための教材作成など

い。リハビリテーション科の主治医がまず診察をして、処方をリハビリテーションスタッフに出すしくみになっていて、立石さんが行う言語聴覚療法についても、主治医と日々こまめに意見をやりとりする。他科の入院患者については、基本的にはその科の医師からの依頼票を受けて、リハビリテーション科の医師が診察した結果で検査や訓練を行うが、必要があれば直接話を聞きに出向く。

　また、15：30～16：30までは、医師や診療放射線技師とともにビデオ嚥下造影検査に立ち会う。3、4ケースの嚥下の様子を撮影し、16：30からは撮影したビデオを見ながら、一人ひとりの訓練プログラムを組み立てる。

　その後は書類仕事だ。1日分の臨床の記録作成、診療報酬請求のための日報、退院・転院の報告書……。課長という管理職も務めているので、目を通し、作成する書類の数も多い。すべての仕事が終わるのは20：00を過ぎてからだ。

■言語聴覚療法のさらなる広がりをめざして

　少しでも多くの時間を臨床にあてたい、そんな気持ちなら、こうした書類仕事は負担かと思われる。しかし、この記録の積み重ねが実は重要なのだ。「言語聴覚士の仕事は制度化されたばかりで、まだ社会での認知が十分ではありません。記録をきちんととって、個々の症例のデータを蓄積しておくこと。それが、外部に言語聴覚療法の必要性をアピールするときに役立ってくれます」。

　言語聴覚療法が社会的認知を得ていけば、サービスの受け手の数が増え、対象も幅広くなる。それは、さらなる制度の充実につながり、ひいては患者へのサービスの質の向上にもつながる、というわけだ。

「一種の余禄（よろく）として、言語聴覚士自身が働きやすい環境も整っていきます」。現に、言語聴覚士が国家資格化されてからは、診療報酬の点数が上がり、言語聴覚療法専門の部屋が必須になった（第4章1.参照）。それまでは「不採算部門」として低く抑えられがちだった給与や待遇面も、全体的に改善しつつある。

「介護保険の領域でも、いっそうの位置付けがほしいところです。もっともっとニーズを開拓したいですね」

（取材は2002年11月）

13：00からのカンファレンス。個々の患者の状態について、レジュメを手に意見交換、情報を共有する

第3章 2.
給与や労働条件についても知りたい

●常勤か非常勤かで差が

　一般に働く際の待遇を左右するのは、常勤か非常勤か、ということです。常勤とは、それぞれの施設の定める勤務時間中に、休日を除く常時その職務に従事する勤務形態をいいます。日本言語聴覚士協会の調べ（2013年3月）では、正会員のうち82.7％の人が常勤で働き、6.4％が非常勤で働いています（右ページ参照）。

　言語聴覚療法への一般の認識が深まるとともに、診療報酬や介護報酬への位置付けも進んできています。今後、言語聴覚士は常勤のポストがさらに増加していくと考えられます。

　非常勤の場合は、常勤に比べて時間の自由がききやすいのですが、他の職種との連携には努力を要します。また、これは過去の調査による数字ですが、非常勤といっても週に3日以上働いている人が70％以上です。

●気になる給与は

　給与について具体的な数字をみると、医療機関の場合、初年度の月給は基本給、資格手当などをあわせて月額約18万円～22万円というところが一般的です。学歴や年齢によって、差が出ることもあります。介護老人保健施設も大体同じくらいです。

　2012年の厚生労働省「賃金構造基本統計調査」によると、大卒の男女の平均初任給が19万9600円なので、人並み程度といえるでしょう。向上心の高い言語聴覚士は、そのなかから、専門書を買ったり、研究会に参加したりして、職業

Q【診療報酬って？】

A 診療行為の医療保険適用範囲を定めた、「医療サービスの料金表」ともいえるもの。この体系に基づいた額が、患者と審査支払機関から医療機関に支払われる。

生活の充実にも努めているようです。

　非常勤の時給は、これも過去の調査によると、1000円前後から3000円くらいまでと幅がありますが、平均して1500円前後のところが多いようです。

●勤務時間や休日は一定していることが多い

　医療機関で働く場合、診療時間が決まっている関係上、勤務時間は9：00前後～17：00前後となることが多いでしょう。看護師や介護スタッフなどのように、シフトを組んで夜中も働く……ということは現状ではほとんどありません。ただし、臨床以外の会議や報告書作成などが多く、臨床業務が終了してから行うので、残業になる職場は多いようです。

　休日も、医療機関であれば、日曜、祭日と休診日などに、比較的規則正しく休みが取れます。ただし入所施設など、日曜、祭日に施設行事を行うようなところで働く場合は、休日の出勤もありえます。

●「1人職場」というケースも

　まだ新しい職種ということもあり、初期には言語聴覚士がその施設で1人だけ、という職場も少なくありませんでした。2000年9月の調査によると、513施設中、常勤言語聴覚士が1人なのは、全体の52.4％にあたる269施設でした（ただし、常勤は1人でも、ほかに非常勤を雇っている可能性はあります）。

　こうした職場では、言語聴覚士の役割そのものが理解されていなかったりすることから、特に介護保険施設などでは言語聴覚士の専門性とはかかわりのない部分での仕事（ケアなど）を依頼されるケースがないでもありません。1人職場に就職する場合は、自らが言語聴覚士の専門性や役割についてアピールしたり、仕事のニーズを掘り起こしたり、仕事の体制を作りあげていく、といった努力が必要となります。

　着任当初は系列病院全体で自分1人だった言語聴覚士が、いまは計9人になった、というケースも実際にあります。ひとかたならぬ苦労があるとはいえ、自分の仕事が認められたという実感をそんなふうに持つことができるのも、新しい職種ならではかもしれませんね。

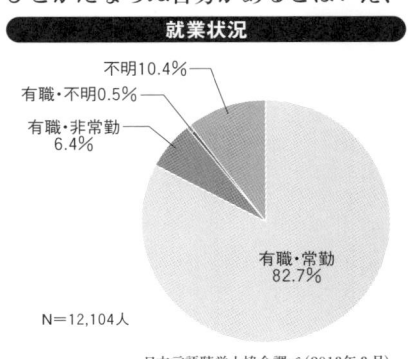

就業状況

不明 10.4％
有職・不明 0.5％
有職・非常勤 6.4％
有職・常勤 82.7％

N＝12,104人

日本言語聴覚士協会調べ（2013年3月）

3. 精神的な満足度は？

●患者や家族の喜びの声が原動力

　言語聴覚士はまだ新しい資格ということもあり、待遇などの条件は、まだまだ改善が望まれる状態にあります。しかしながら、実際に働いている言語聴覚士に話を聞いてみると、精神面での満足度が高く、また仕事の専門性に誇りを持っている人が多いことがわかります。

　特に機能回復に携わる仕事ならではの喜びは大きいようです。「重篤な言語機能障害のある患者さんから、働きかけを継続するなかでついに反応を引き出すことができた」「患者さんの担当医師や家族に『元気になった、明るくなってきた』と喜んでもらえた」「ことばの機能が改善することで、家族と本人の関係が変わった」といった場面での喜びはひとしお。そうした患者や家族の姿に「自分自身もパワーをもらえる」という声も。「退院した患者さんから自筆部分のある年賀状をいただいたり、街で声をかけられたりすると、とても勇気付けられます。自分が患者さんのお手伝いをしているように思っていたけれど、同時に患者さんに支えられてやってくることができたのだと痛感します」とコメントした言語聴覚士もいました。

●専門性を高めるために

　「訓練の方法を工夫し、応用することで、自分の技量を深めていく」喜びもあります。一方、日本の言語聴覚療法の質を高めるために、臨床の傍ら、そのデータを蓄積して発表しようと、夜遅くまで準備に追われる言語聴覚士もいます。仕事の専門性を高めるために勉強は不可欠なのですが、それを「楽しい」と感

じる向上心旺盛(おうせい)な人が多いのも、この職種の特徴かもしれません。

● サービスの認知度アップに苦労

　新しい資格ゆえの苦労もあります。まだこの仕事が十分に知られていないため、他のスタッフに言語聴覚士の役割について説明したり、ニーズを開拓するためにパンフレットを作ったり、仕事の体制作りに追われたり……、といった「言語聴覚療法の広報宣伝係」も自身で担う場合もあります。また、臨床で戸惑うことがあっても、言語聴覚療法に関する部分では職場のなかでアドバイスをもらえる相手がいない、ということも往々にしてあるようです。

　言語聴覚士の数がまだ少ないため、ネットワーク作りにも工夫が必要。養成校の同窓生と情報交換をしたり、恩師に助言を仰いだり、全国組織である日本言語聴覚士協会や地域の組織に相談したり、と方法はいろいろです。大変ですが、開拓、工夫が好きな人にとっては、やりがいのある環境といえるでしょう。

● オフタイムはそれぞれの工夫で

　言語聴覚療法は、「対人サービス」です。相手の気持ちや精神状態をいつでも適切に読み取れる状態にしておくには、自分の精神状態や体調を安定させることが重要です。先輩の言語聴覚士たちも、それぞれが工夫をこらして、多忙ななかにも仕事のことから離れる「オフタイム」を作っています。現役の人たちの話をきくとインドア派、スポーツを趣味とする人などさまざまです。休日の過ごし方としては、映画鑑賞や読書、食べ歩きなどを挙げる人がいました。

　育児・家事をしながら仕事を続けている女性の姿も目立ちます。「家族のため、平日は残業はしないが、仕事を持ち帰って家族の就寝後や休日に片付ける」「夫に家事を覚えてもらう」「実母と同居して子育てサポーターになってもらう」といった工夫で、私生活と忙しい仕事の折り合いをつけている人も。「一生仕事を続けたい！」という女性にとっては、心強い先輩たちです。

　「新人のころは忙しくて仕事漬けだったが、仕事とオフの区別をつけるようになったら、かえって仕事を別の視点から見るきっかけになった」という声もあります。言語聴覚士には「仕事や勉強に集中する」ことも大切ですが、リフレッシュするための時間をあえて「作る」ことも重要なようです。

<インタビュー3>

職能団体会長・言語聴覚学科教授にきく

人間の尊厳を支えている、それが誇り

話をきいた人●藤田 郁代さん

――「言語聴覚士」という仕事はまだあまり知られていませんが、今日までどのような意識を持ってこの仕事に取り組んでいらっしゃったのでしょう。

　確かに、言語聴覚士の知名度は、資格化されてからは広まりつつありますが、まだまだ低い状態です。また2002年の診療報酬の改定で、言語聴覚療法が新設されてから、ようやく待遇も改善される傾向にあります。しかし、言語聴覚士の先駆けとなった人たちは、待遇や社会的ステイタスとは関係なく、フロンティアの精神でこの仕事に取り組んできたのです。

　扱うのはおもに、「ことばによるコミュニケーション」に関する問題です。ことばは、人間の思考・記憶・行動と密接な関係を持ち、人間の生活を支え、人間を人間たらしめている、非常に重要な機能です。例えば、脳卒中などで失語症になった方に対して言語聴覚士は、脳の言語機能の回復を促したり、残った機能の活用を図ります。言語聴覚士は「人間らしさをサポートする専門職」といえるでしょう。

――今回取材を受けてくださった言語聴覚士の皆さんが「学び続けなくてはならない、奥の深い仕事」とコメントされています。

　そのとおりです。まず、言語聴覚療法は応用科学のひとつですから、あらゆる学問にまたがって「健常なコミュニケーションのしくみ」や「障害の病態と発現メカニズム」を理解し、それを臨床に活用する姿勢が不可欠です。最新の

情報を求めて、養成校卒業後も研修会に参加したり、同窓生同士で症例検討会を開いたりして、勉強を続けている言語聴覚士はたくさんいます。

　重要なのは、そうやって学んだことを統合して、臨床に応用すること。それは、常に自分の能力や提供しているサービスを客観的に評価し、学び続けようとする自己研鑽（けんさん）力なくしては成り立ちません。ただ臨床だけを重ねても、いいサービスが提供できるわけではないのです。

——すぐに成果を求めてしまうような短気な人には、**不向きでしょうか**。

　なかには3、4年勤めてやめてしまう、という人もないではありません。一定の検査・訓練はこなせるようになったけれど、その先の、最新の知識を取り入れながら障害の構造や発現メカニズムを考え、訓練プログラムを立案し、その効果を客観的に測るところまで進むことが難しいのです。

　3年や4年働いて、一通りの検査・訓練のやり方をマスターしたくらいでは一人前とはいえません。それはあくまでも手段にすぎないのです。100人の患者一人ひとりに適したアプローチができるようになるには、10年かかると考えなくてはなりません。私自身、言語聴覚士としてようやく自信が持てたのは10年目、人に教える責任を負う心境になれたのは20年たってからです。

——学び続けたい、働き続けたい人にはぴったりの仕事ですね。

　そう、10年たったらたったで、さらに学びたいこと、やりたいことが見つかりますよ。また、資格化されたばかりの新しい職種という意味では、制度や前例の枠にとらわれず、新たな試みを行うことができる、というメリットがあります。未知へのチャレンジを毎日しているようで、おもしろいですよ。

——楽しく学び続ける秘訣（ひけつ）を、これから言語聴覚士をめざす人に。

　人間、そして人間の生活を大切に思う気持ちがあれば、学問にも前向きに取り組めます。最近の学生は、記憶することは得意だけれども、「自ら論理的に考える」態度ができていないようですね。でも、言語聴覚士をめざす人には純粋で人間性豊かな人が多いですから、その気持ちを大切にしながら、学校でしっかりと学問に取り組んで、「考える」トレーニングを積んでください。

（取材は2002年11月）

ふじた いくよさん
日本言語聴覚士協会前会長。広島大学文学部卒、国立聴力言語障害センター附属聴能言語専門職員養成所卒。医学博士。1996年より国際医療福祉大学言語聴覚学科教授。2000年から2005年まで会長。

4. いざ仕事を探すには

●採用は当分増えていく

　2002年の医療保険の診療報酬改定により、言語聴覚士の診療報酬額は、ようやく同じリハビリテーション職である理学療法士や作業療法士と基本部分は同程度の水準に引き上げられました。同時に、施設基準といって、言語聴覚療法を行うにあたっての施設設備面での条件も設けられました。施設基準に合った部屋や設備を設けることに期間を要したため、すぐには言語聴覚士の採用に動けなかった医療機関もなかにはあったようですが、医療機関が言語聴覚士を採用する体制は整いつつあります。ますます高齢化が進むこれからは、医療機関の戦略として、リハビリテーション部門の充実は重要課題との認識も高まってきています。

　高齢者のための施設においても、例えば介護老人保健施設入所者の約6割が失語症や構音障害、摂食・嚥下障害、難聴などの障害を持っているとの報告もあり、言語聴覚士の必要性が訴えられています。介護保険で言語聴覚士の位置付けが整うにつれて、介護保険施設などでも採用は確実に増えていくでしょう。この詳細については、第4章1.(p82) を参照してください。

●多くは養成校に寄せられた求人から就職先を探す

　現在養成校に在籍している学生に、どのように就職先を探すか、あるいは探したかと聞くと「学校に寄せられた求人から」という答えが多く返ってきました。学生の就職率はその学校の評価にも直結するので、たいていの養成校が独自の支援体制で就職活動をサポートしています。

求人の案内は、最終学年の春ごろから徐々に学校に寄せられます。求人先で多いのは医療機関ですが、ほかに小児の療育施設や介護保険施設などから求人がきます。求人票には、求人先の概要、待遇、給与などが記されていますので、希望に合ったところを探し、就職試験を受けます。求人先によっては受験希望者が多く、高倍率になることもあります。

　国家資格になってから日の浅い言語聴覚士の仕事は、医療・保健・福祉の現場でも必要性が十分認識されていないこともあり、先輩たちのなかには直接医療機関などに電話をかけ、仕事の内容を自らアピールして、就職先を開拓していった人もいます。しかし、現在は求人が増え、ほとんどそのなかから選べるようになりました。

●**学生の就職は秋から翌年1月までに決まる**

　学生の就職先は、最終学年の秋ごろから翌年の1月までに決まることが多いようです。最終学年では臨床実習もあるので、その合間を縫っての就職活動となります。

　言語聴覚士の国家試験の合格発表は毎年3月下旬なので、就職の決定段階では資格取得見込みという状態です。就職は資格が取れることが前提となっていますので、国家試験が不合格だと内定取り消しとなります。

●**資格取得後は、口コミ、公共の職業あっせん機関という手段も**

　現在仕事をしている言語聴覚士のなかには、仕事仲間や恩師の紹介でいまの職場に来た、という人も少なくありません。口コミで仕事の情報をやりとりすることもあるようです。

　ハローワーク（公共職業安定所）や福祉人材センターなどの公共機関でも、仕事が探せる場合があります（p134〜参照）。ハローワークは、総合的な雇用サービス機関として、雇用に関する各種の相談・指導などの業務を行っています。福祉人材センターは社会福祉法に基づき都道府県知事の指定を受けて、福祉人材確保のために各都道府県の社会福祉協議会に設置されている機関です。

　新卒時は養成校の就職課という相談先がありますが、資格取得後に転職する際に役立つかもしれません。

[言語聴覚療法の現場を見学するには？]

answer

身近な医療関係者に紹介してもらいましょう

　ふだん、医師や看護師の仕事を目にすることはあっても、理学療法などのリハビリテーション関連職の仕事を間近に見る機会はあまりないのではないでしょうか。まして、そのなかでも人数の少ない言語聴覚士に、実際に接した人は少ないと思います。ただ、言語聴覚士に興味を持ち、この仕事をめざそうと思うなら、やはり実際に言語聴覚療法が行われているところを見てみたいもの。それにはどうすればいいのでしょうか。

　まず、自分の周りに言語聴覚士がいないか探してみましょう。知り合いに医療関係者がいれば、紹介してもらうのが近道です。言語聴覚士のいる病院を探して見学を申し込んでもいいのですが、患者さんのプライバシーの問題もあるので簡単には受け入れてもらえないのが現状です。直接、言語聴覚士と話すことができれば、仕事について聞くこともできますし、差し障りのない範囲で仕事の内容を見せてもらえるかもしれません。

　身近に頼める人がいない場合でも、県士会など、言語聴覚士の団体がある地域なら、問い合わせてみるのもいいでしょう。県士会の連絡先は、ホームページや日本言語聴覚士協会（p133参照）に問い合わせることもできます。見学の際は、くれぐれもスタッフや利用者の邪魔にならないように気をつけましょう。

　また、入学を希望する養成校に相談したら、付属の施設で見学させてもらえたというケースもあります。仕事の内容を知るには、養成校の一日体験入学に参加するのもいい方法です。

　ぜひ進路を決める前に、いろいろな角度からアプローチしてみてください。

● 第 3 章

言語聴覚士の職業生活
理解度をチェック

立ち止まってチェック！

言語聴覚士の職業生活について、正しく理解できましたか？
もう一度チェックしておきましょう。

- [ ] 約7割の言語聴覚士が医療機関で働いている
- [ ] 現在働いている人のうち、約8割は女性
- [ ] 言語聴覚士の大半が2、30代で、比較的若い人が多い
- [ ] 介護老人保健施設や特別養護老人ホームで働く人は、数は少ないものの、増加傾向
- [ ] 常勤で働く場合、勤務時間や休日は規則的であることが多い
- [ ] 臨床以外の会議や書類仕事のため、残業が必要なことも
- [ ] 入所施設などで働く場合は、日曜、祭日の出勤が必要なことも
- [ ] 都道府県ごとに言語聴覚士の数の充実度にばらつきがある
- [ ] 職場の言語聴覚士は自分1人だけ、という可能性も
- [ ] 民間企業同様、採算や財政を考慮した働き方が求められるように
- [ ] 仕事の専門性を高めるために、勉強は不可欠
- [ ] リハビリテーションの仕事は成果が実感できてやりがいがある
- [ ] よいサービスを提供するには心身の健康管理が重要

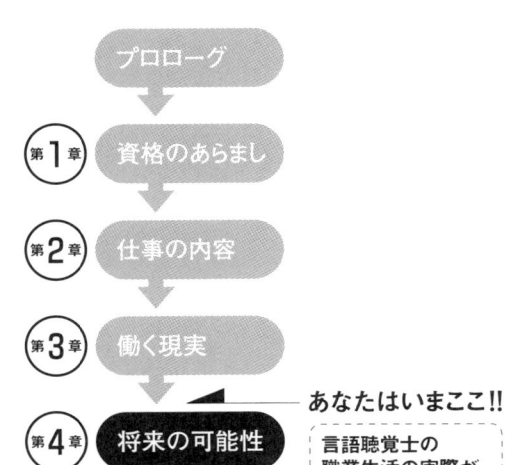

```
プロローグ
    ↓
第1章 資格のあらまし
    ↓
第2章 仕事の内容
    ↓
第3章 働く現実
    ↓
第4章 将来の可能性 ◀── あなたはいまここ!!
    ↓                  言語聴覚士の
第5章 進路の選び方     職業生活の実際が
                       わかってきた
```

第 **4** 章

これからの社会に言語聴覚士はどうかかわれる?

超高齢社会が現実のものとなり、社会制度は現在、
大きな変革のうねりのなかにあります。
医療・保健や福祉の制度の変化は、
言語聴覚士の仕事にどんな影響を与えるのでしょうか。
リハビリテーションのニーズが多様化してきているいま、
言語聴覚士に求められる役割についても考えていきましょう。

第4章 1.

社会保障制度の見直しが進むなか、言語聴覚士の位置付けも明確に

●少子高齢化が進み、社会状況は変化していく

わが国では人口の高齢化が急速に進んでおり、1994年に高齢社会となりました。国民の4人に1人以上が65歳以上の高齢者となる社会の到来も、間近に迫っています。高齢者人口の増加に伴い、寝たきりや認知症の高齢者など介護を必要とする人が急増しています。しかし核家族化と女性の社会進出が進んだことなどで、家族だけで介護に対応することは難しく、社会全体で高齢者を支える制度が必要となってきました。加えて景気の低迷などにより、医療や保健、福祉の分野でも財源の問題が深刻になってきました。

このような状況に対応するため、ゴールドプラン(1989年)、新ゴールドプラン（1995年)、ゴールドプラン21（1999年）などの高齢者保健福祉施策が講じられてきました。2000年4月からは介護保険制度が実施され、2005年、2008年、2011年にはその改正も行われました。医療保険制度についても、社会状況の変化に対応して、診療報酬の改定が行われています。

●社会保障制度の動向に伴い、言語聴覚士の仕事に変化も

医療・保健、福祉などの分野の社会保障制度が変わっていくことで、言語聴覚士の仕事にも影響が出てきそうです。ここでは言語聴覚士の職務に密接に関係する、医療保険制度と介護保険制度について説明します。

＜医療保険制度＞

国民が各自の収入に応じた保険料を出しあい、それに国の負担金をあわせて医療費を負担しあうのが医療保険制度です。この制度のなかで医療機関が行っ

高齢社会
全人口に占める65歳以上の割合（高齢化率）が14％を超えた社会。高齢化率が7％を超えた社会を「高齢化社会」、21％を超えた社会を「超高齢社会」という。

た医療サービスに対する対価を診療報酬といいます。それぞれの診療行為について算定できる診療報酬点数が決められています。

　診療報酬は定期的に見直し・改定が行われます。2002年4月の改定では言語聴覚療法が新設され、1単位あたりの診療報酬は作業療法士や理学療法士と同等に認められるようになりました。これに伴い、これまでなかった言語聴覚療法の施設基準が設けられ、施設基準に応じた専従常勤言語聴覚士の配置も明記され、施設基準に応じた診療報酬が請求できるようになりました。

　その後、言語聴覚療法はリハビリテーションの一分野として定着し、現在は例えば障害児（者）リハビリテーション、集団コミュニケーション療法などの施設基準として明確に示されています。そして、常勤あるいは専従の言語聴覚士の配置についても定められています。

＜介護保険制度＞
　40歳以上の国民が保険料を納めることで、介護サービスにかかる経費の一部を国民が相互に負担する制度。介護サービスに対する介護報酬が定められています。言語聴覚療法の位置付けの主要部は以下のとおりです。
　①訪問リハビリテーションにおけるサービス提供体制強化加算：直接利用者にリハビリテーションを提供する理学療法士、作業療法士または言語聴覚士のうち勤続3年以上者がいる場合に可能
　②通所介護における個別機能訓練加算：機能訓練指導員の職務に専従する常勤の理学療法士、作業療法士、言語聴覚士、看護職員、柔道整復師またはあんまマッサージ指圧師を1名以上配置している場合などに可能
　③通所リハビリテーションにおけるサービス提供体制強化加算：直接利用者にリハビリテーションを提供する職員の総数のうち勤続3年以上者の占める割合が100分の30以上である場合などに可能
　④介護老人保健施設におけるリハビリテーション機能強化加算：常勤の理学療法士、作業療法士または言語聴覚士を1名以上配置、利用者の個別リハビリテーション計画に基づき、理学療法士、作業療法士または言語聴覚士が理学療法、作業療法、言語聴覚療法を適切に行う体制にあるなどの場合に可能

社会保障制度の見直しが進むなか、言語聴覚士の位置付けも明確に

第4章 2. 地域リハビリテーションの充実に向けて

●**地域で自分らしく生活するために**

ノーマライゼーションという言葉を知っているでしょうか。

これは、高齢者も若い人も、障害のある人もない人も、分け隔てなく普通に生活できる社会こそが、あたりまえの社会であるとする考え方です。デンマークのバンク・ミケルセンが提唱し、北欧から世界へと広まりました。日本でも1981年の国際障害者年を契機として、これまでの「施設に収容し保護する」という形から、「地域の一員として生活するための援助」という形に、ノーマライゼーションの理念に基づいた施策がとられるようになりました。

「高齢になり障害を持っても、住み慣れた地域でできるだけ自立して、自分らしい暮らしを続けたい」という思いは、だれもが持つものでしょう。そして、それを実現するために、医療や保健、福祉および生活にかかわるあらゆる人々や機関・組織が、リハビリテーションの立場から協力しあって活動していますが、広くとらえれば、その活動のすべてを地域リハビリテーションとよぶこともできます。

●**地域リハビリテーションには言語聴覚士が活躍する大きな余地が**

言語聴覚士が地域で生活する高齢者や障害がある人にできる援助とは、どんなものがあるのでしょうか。例えば言語聴覚士が対象とすることの多い失語症患者が、退院後に言語聴覚療法を受ける場合について考えてみましょう。

まず考えられるのは、医療施設に通院して言語聴覚療法を受けること。地域の保健・福祉センターで機能回復訓練を受けることもできるでしょう。自治体

国際障害者年(1981年)
「完全参加と平等」をテーマに、「障害者の権利宣言」を実現するための国際的な取り組みとして、国連により決議された。

により機能回復訓練の内容は違いますが、失語症教室を設けているところもあります。また、通所リハビリテーションを利用して言語聴覚療法を受けたり、通所が困難な場合には、訪問リハビリテーションで、自宅で言語訓練を受けたりするという方法もあります。通所リハビリテーションは介護保険の居宅サービス事業に含まれますが、サービス事業者によっては、医療保険など介護保険外での利用も可能です。そのほかにも、数は少ないのですが、医療保険や介護保険を用いず、私費で言語聴覚士から訓練を受けることもあります（ことばの教室など）。

このように挙げていくと言語訓練の機会はずいぶん豊富にあるように思えます。しかし、まだ言語聴覚士の配置は理学療法士や作業療法士と比較して少ないのが現状です。またリハビリテーション科を設ける医療施設は少しずつ増加している傾向にありますが、言語聴覚士がいないところもまだ見受けられます。このようなことから、自宅から通える範囲内で言語訓練を受けられるところがない、といった声をよく耳にします。

●患者と地域をつなぐ架け橋として

医療施設では、急性期、回復期、維持期の役割分担が進み、入院期間も短縮化傾向にあります。そこで、十分な言語聴覚療法を受けないまま、自宅に戻ってしまう人も出てきています。しかし地域に戻ったとき、身近に言語訓練を受ける場所が見つからなければ、せっかく回復した機能の維持ができずに、他者とのコミュニケーションがますます困難になるという事態を招くことにもなりかねません。「地域でできるだけ自立して自分らしく生きる」という思いを支えるには、医療機関で言語聴覚療法を行うだけでなく、在宅訪問や通所での言語訓練が大変重要です。この分野では患者と地域をつなぐ架け橋として、コミュニケーション支援の専門家である言語聴覚士に求められる仕事も、今後ますます増えていくと思われます。

介護保険の給付サービス

■居宅サービス
訪問介護
訪問入浴介護
訪問看護
訪問リハビリテーション
居宅療養管理指導
通所介護
通所リハビリテーション
短期入所生活介護
短期入所療養介護
特定施設入居者生活介護
福祉用具貸与
特定福祉用具販売

■施設サービス
介護老人福祉施設
介護老人保健施設
介護療養型医療施設

地域リハビリテーションの定義

地域リハビリテーションとは、障害のある人々や高齢者およびその家族が住み慣れたところで、そこに住む人々とともに、一生安全に、いきいきとした生活が送れるよう、医療や保健、福祉および生活にかかわるあらゆる人々や機関・組織がリハビリテーションの立場から協力しあって行う活動のすべてをいう。
日本リハビリテーション病院・施設協会（一般社団法人）による

ルポ❻

取材先◎桜新町リハビリテーションクリニック
しごと◎訪問リハビリテーションを行う言語聴覚士

この地域のなかで、
ずっと患者さんを見守っていきたい。
やるべき仕事はたくさんあります

■地域のリハビリテーションを支えるクリニック

　朝9：00。東京都世田谷区にある桜新町リハビリテーションクリニックでは、スタッフミーティングが始まった。医師、理学療法士、作業療法士らのスタッフが、今日のスケジュールの確認や連絡事項などを伝えあう。現在リハビリテーション部長を務める同クリニックのただ一人の言語聴覚士、半田理恵子さんの顔もそのなかに見える。

　このクリニックはリハビリテーション科のみの診療所だ。病床は持たず、午前は外来、午後は在宅訪問活動を行う。院長の長谷川幹医師は、世田谷区内の一般病院のリハビリテーション科医だったが、在宅患者のリハビリテーションを行う場所をつくりたいと、1998年に同クリニックを開設した。同じ病院で長年一緒に仕事をしてきた半田さんは、長谷川医師の方針に賛同し、クリニックの開設準備からのスタッフとなった。

■介護保険での訪問リハビリテーション制度化を願って

　現在半田さんが言語聴覚療法を担当している患者は60人ほど。そのうち外来患者は45人程度で、残りが在宅訪問の患者だ。集中的な訓練のため週に何度も通院する患者もいれば、2か月に1回、経過を観察するという患者もいる。

　9：15。今日最初の外来患者が言語聴覚療法室に入った。近所でクリーニング店を営む年輩の男性で、4年前に脳卒中により失語症となった。現在は週に1

桜新町リハビリテーションクリニック●DATA

東京都世田谷区。地域に根ざすリハビリテーション単科のクリニックとして1998年に開設。訪問看護ステーション桜新町併設。スタッフは医師3人、言語聴覚士1人、理学療法士15人、作業療法士4人、ソーシャルワーカー1人。午前は外来、午後はスタッフが患者の自宅に出向き、リハビリテーションを行う。

回通院している。失語症は外見からはわからないため、最初のころは人に話しかけられるのがいやで車で通院した。いまはずいぶんよくなり、歩いて通っている。途中で知人に声をかけられても、もう平気だという。

●追いかけた人

半田理恵子（はんだ りえこ）さん／慶應義塾大卒後、3年間の社会人生活を経て、81年国立身体障害者リハビリテーションセンター学院卒業。日産厚生会玉川病院に17年勤務し、98年より当クリニックに。日本言語聴覚士協会副会長。

30分ほどで療法室のドアが開き、入れ替わりに次の患者が入る。「患者さんの85％は失語症です。午前中の外来はだいたい1日6、7ケース。午後からは1、2ケースの在宅訪問をします」。外来のスケジュールはびっしり埋まり、午前の診療時間はあっという間に過ぎた。しかし半田さんは昼食もそこそこに、午前の記録などの仕事にとりかかる。

「実は医療保険や介護保険では、理学療法と作業療法の訪問リハビリテーションは認められていても、言語聴覚療法については法的な位置付けがされていません。ですから私の午後の在宅訪問は、クリニックの収益にならないのです。では、なぜ無料サービスの訪問をするのかというと、いま、障害者の生活の場での言語聴覚士の活動が、とても必要とされているからなんです。言語聴覚士の訪問リハビリテーションの制度化を進めるためにも、こうして実績を積み、結果を出していくことが重要なんです」。半田さんはそのために論文を書き、講演会などにも出席して制度の早期実現を訴える。その一方でリハビリテーション部長として、クリニック全体の採算も考えなくてはならない。利益にならない訪問をクリニックが容認してくれている分、半田さんは外来で1日に8、9単位の言語聴覚療法を行うことを、自分に課している。

■語れない人のことばを引き出したい

14：45。半田さんは電動自転車にまたがり、訪問先に向かった。訪問先はだいたい自転車で30分程度のところが多い。「雨の日でもかっぱを着て自転車に乗りますよ。梅雨の時期も大変ですが、夏の暑さが一番きついですね」。

今日の訪問先は66歳の男性、

クリニックの駐輪場には訪問用の自転車とバイクが並ぶ。大きな訪問用かばんをかごに入れて、出発

ルポ6

タザワさん（仮名）宅。タザワさんは2年半前に脳卒中から重度の失語症になり、右半身に麻痺がある。クリニックからは理学療法士、作業療法士らが訪問リハビリテーションに訪れ、半田さんも1年ほど前から、2週間に1回の割合でタザワさん宅に通っている。

「こんにちは」。半田さんは出迎えた家族にあいさつをすると、階段を上がり2階のタザワさんの部屋に入った。ベッドに上半身を起こしたタザワさんはうれしそうに半田さんを迎える。タザワさんの横に座った半田さんは、ベッド上に置かれた小さなテーブルに、コミュニケーションノートを広げた。タザワさんの顔を見ながら「体の調子はどうですか」とはっきりした口調で尋ねる。「バ、バッドマン」。タザワさんがそう言いながらノートの〈体調〉欄の〈まあまあ〉の部分を左手で指した。「痛みはありますか」「ん～、バッドマン」。タザワさんが失語症になって以来、口に出す単語は「バッドマン」だけだ。「いろいろ訓練してみましたが、なぜかバッドマンだけなんですよ。不思議ですね。人間の脳ってどうなっているんだろうと思います」と半田さんは言う。

スポーツ新聞をめくりながらタザワさんと半田さんの会話が進む。「松井選手はどこの球団に行くんでしょうね」「いまの時期は何が釣れるのかな」。釣りの好きなタザワさんが、以前釣った魚の大きさを指で示した。奥さんが「そんなに大きくないでしょ」と口を挟み、タザワさんは苦笑いして頭をかく。出てくる単語は「バッドマン」だけだが、声の調子や表情、ジェスチャーなどから、半田さんはタザワさんの思いを受け止め、会話を紡いでいく。

「こちらにいろいろな知識があればあるほど、それだけ会話が広がっていきます。相手の会話を引き出すには、話題の引き出しを、自分のなかにたくさん持っていなければなりません。また患者さんがことばに詰まったら、こういうことかな、と推測できる力も必要です」。そのためには自分のアンテナを広げ、いろいろなことに興味や関心を持つこと。半田さんは患者さんとの会話に備え、スポーツ新聞と一般紙の両方に、毎朝必ず目を通している。

■地域に踏み出す次のステップに向けて

ベッドに寝たきりだったタザワさんも、最近は妻の介助も必要だがなんとか

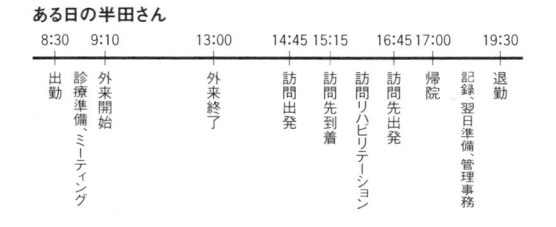

ある日の半田さん

8:30	9:10	13:00	14:45	15:15	16:45	17:00	19:30
出勤	外来開始 診療準備、ミーティング	外来終了	訪問出発	訪問先到着	訪問リハビリテーション	訪問先出発 帰院	記録、翌日準備、管理事務 退勤

階段を下りられるまでになった。しかしまだ1日のほとんどをベッド上で過ごしている。半田さんは次のステップとして、タザワさんを地域のデイサービスに連れ出すことを考えている。「バッドマン」のタザワさんを理解してくれるデイサービススタッフのもとで、地域の人との交流ができれば、タザワさんの世界はまた一歩大きく広がる。「将棋の相手が見つかるかもしれないし。そうなったら、私は今度はデイサービスの場所に会いに行くから」。半田さんのことばに、タザワさんはまんざらではなさそうな顔でうなずく。奥さんもうれしそうだ。「来年の目標ができましたね、タザワさん」。次回の訪問日を打ち合わせて、半田さんはタザワさん宅をあとにした。今日はこのあとに予定していた訪問がキャンセルになったため、このままクリニックに戻る。しかし冬の日は短い。町は夕闇に包まれ、クリニックに帰りつくころには日はとっぷりと暮れていた。

■言語聴覚士が地域のなかで

　半田さんは20数年間、世田谷という地域のなかで仕事をしてきた。世田谷区は区の事業として訪問リハビリテーションを行っている。半田さんは病院に勤務していたころ、非常勤として10年間その訪問リハビリテーション事業に参加した。また、地域の人と失語症の友の会を設立し、その運営にも力を注いだ。「ずっとひとつの地域で活動を続けてきたから、いろいろなところとつながりができました。閉じこもりがちな患者さんに友の会を紹介したら、そこで自信をつけた患者さんが、また新しいサークルを作ったり……」交流の輪がほうぼうに広がり、患者から地域のことを教えてもらうこともあるそうだ。また在宅訪問では、患者の声にならない思いに耳を傾けることの大切さを痛感するという。「とにかく現場に入っていくことが重要です。言語聴覚士がかかわることによって、これまで表に出せなかった患者さんの思いを、周囲に伝えることができるのです」。

　そのためにも、早く支援体制を整えたい。その日に向けて半田さんは精力的に活動を続ける。　　（取材は2002年12月）

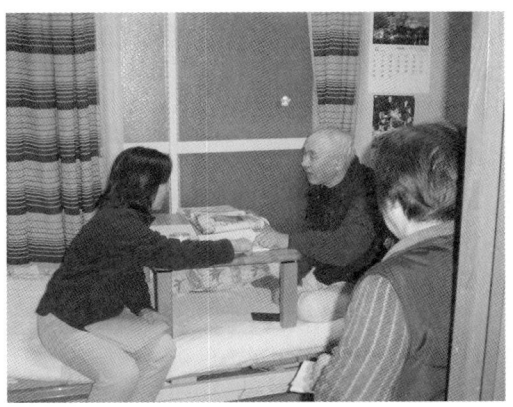

コミュニケーションノートを指差しながら、奥さんも加わって会話が進んでいく

＜インタビュー４＞

開業した言語聴覚士にきく

開業は十分な臨床経験を積んでから

話をきいた人●**三好 純太**さん

――**開業された「葛西ことばのテーブル」とは、どのような教室ですか。**

　言語障害や学習障害の幼児から成人の方を対象とした、言語・学習指導室です。原則として１対１の個別指導で、指導時間は１回１時間です。精神発達の遅れや自閉症、学習障害などの問題のあるお子さんには、言語だけではなく認知訓練や基礎的な学習指導も行います。会員数は現在110人ほどで、その９割は小児です。

――**実際に開業されてみて、経営はどうですか。**

　開業するときは、私自身、このような形態の仕事が成り立つのかを知りたいという思いがありました。いまは私を含め４人の言語聴覚士（以下ST）が指導にあたっていますが、指導する枠がいっぱいで、空きを待っていただいている状況です。

　実際に続けていけるかもしれない、と思えたのは始めて２年くらいたってからですね。経営は、時間単位の指導料を中心としていますが、個人の資力だけで収益を上げるまでになるにはなかなか大変です。これから開業を考える方は、NPO（非営利組織）や、自治体からの委託事業などいろいろな手法を検討してみる必要があるかもしれません。

――**それでも開業には病院勤務とは違ったよさがあると思いますが。**

　開業前は病院勤務をしていましたが、組織で働くのはあまり向いていないと

感じていました。組織に縛られずに自由にできるということは開業の利点です。でも部屋を借りるところから事務経理まで、何もないところからすべて自分でやらなくてはいけないので、その点は大変なところです。

──経営上で工夫されているところは。

オリジナル教材の制作・通信販売をしています。一般のご家庭の方や、臨床現場のST、特殊教育に携わられている先生方などから、ご注文をいただいています。製品化には労力がかかりますが、教材を作ることで知識も整理・体系化されますし、指導準備の軽減にもつながっています。

──開業するSTが果たす役割は。

自分としては、このようなところが増えていってほしいと思っています。

いま、医療機関での言語治療は、キャパシティ等の問題で未就学の子どもが対象のところがほとんどです。「学童期以降の子どもの言語治療機関」としての意義が、開業STにはまずひとつ、あると思います。

各地に指導室がもっと増えていけば、通うのに負担の少ないところを紹介しあうこともできますし、病院や福祉施設を含めた治療機関相互で、いい意味での競争が生まれ、質も向上していくと思います。

──これからSTになる人にアドバイスを。

アドバイスとは違いますが、これからSTになろうとしている方に、ぜひ知っておいてほしいことがあります。それは、STは基本的に医療に携わる人間であり、医師や看護師などと連携して働く職種であるということです。STは粘膜下口蓋裂(こうがいれつ)や舌小帯短縮症、軽度難聴、ある種の神経疾患、認知症などの徴候を見逃さない専門的知識や技術を身につけておくことが必要です。もし自分で判断できなければ、そのジャンルの専門家に相談したり、他の機関に紹介するような姿勢を持つこと。それがSTの社会的責任だと思います。

開業するのは臨床に出て、知識と技術を身につけてからだと思います。経営を維持していくためにも、立地条件などよく考えて、慎重に計画を立ててほしいと思います。

(取材は2002年12月)

みよし じゅんたさん
言語・学習指導室「葛西ことばのテーブル」代表。1961年生まれ、東京都出身。国立身体障害者リハビリテーションセンター学院を卒業後、総合病院のリハビリテーション室に10年間勤務。96年開業。

3. 臨床対象の広がりに対応して

●高齢化によるニーズの広がり

　言語聴覚療法のニーズは、少しずつ広がりを見せています。その要因のひとつには、高齢者人口の増加によって老化に伴う疾患や障害を持った人の数が増え続けていることが挙げられます。

　老化による機能の衰えで引き起こされるものとして、老人性難聴や摂食・嚥下困難などがあります。これらは程度の差こそあれ、多くの高齢者に見られるものです。また、血管がもろくなることにより、高次脳機能障害の最大の原因疾患といわれている、脳血管障害を起こしやすくなります。注意障害、記憶障害と、認知症などによる認知・コミュニケーション障害は、脳が損傷を受けることにより現れる症状です。「言語聴覚士」という名称からはイメージしにくいと思いますが、言語聴覚士は失語症や構音障害のような言語機能障害のみならず、この注意障害や記憶障害、認知症といった高次脳機能の障害全般にわたって、その活躍が期待されています。

●医療の進歩がもたらしたもの

　高次脳機能障害は高齢者だけに起きるものではありません。2008年に東京都が行った高次脳機能障害者実態調査によると、高次脳機能障害者の年齢構成は60代が3割強、50代がおよそ2割で、平均年齢は51.0歳でした。一方、原因となった疾患は、60代以上では前述の脳血管障害が9割を占めましたが、20代までの若年層では、脳外傷が脳血管障害を上回りました。これは若年層では交通事故による脳外傷が多いこと、救急救命医療の進歩により、重傷者でも助か

社会資源
援助にあたって用いることのできる施設・設備、制度、機関、知識や技術などの物的、人的資源のこと。

る率が増えていることによるものだと思われます。医療技術の進歩は、重症患者の存命率も上昇させており、それはそのまま、新たなリハビリテーション対象者の増加へとつながっています。

聴覚障害の分野では、新生児の聴覚スクリーニング検査が行われるようになってきました。障害の早期発見、早期療育の必要性はいわれてきましたが、その実現が目前に迫りつつあるいま、言語聴覚士は新生児やその両親にどうかかわっていくべきか、問い直されています。また、早期発見によって、補聴器や人工内耳がより早期に装用されるようになってきています。

●QOLの向上のために

言語聴覚療法のニーズが拡大したもうひとつの要因は、障害に対する人々の意識が変わってきたことです。「障害があっても、地域で、在宅で生活する」「ただ生きているのではなく、自分にとってよりよい『生』を追求したい」そんな思いが、リハビリテーションのあり方にも変化をもたらしました。ただ単に機能の回復や維持のための訓練を行うのではなく、その人にとって充実した、豊かな時間を過ごすために必要なことの獲得が重視されるようになってきたのです。例えば、普通の食事を口から摂取することが困難になったとき、経口摂取を即座にあきらめるのではなく、食べ物の形態や食べ方の工夫をして、できるだけ安全でおいしく口から食事がとれるようにしたい、ものを味わうという喜びを大切にしたい、そんな願いが摂食・嚥下のリハビリテーションを発展させてきました。

●精神面のサポートも重要な仕事に

障害の評価や訓練を行うのはもちろんですが、なかなか受け入れにくい言語聴覚障害を、本人やその家族が心理的に受け止め、自分らしい生活を積極的に送れるよう、精神面のサポートをするのも重要な仕事です。また、本人にとっての「QOL」を見据えたうえで、さまざまな社会資源をいかに活用するか考えてアドバイスすることも、いま以上に求められるでしょう。個人の生活や価値観、人生観が多様化しつつあるいま、言語聴覚士にはそれぞれのニーズを理解し、受け止める人間性がますます必要になってくると思われます。

＜インタビュー5＞

都立病院の言語聴覚士にきく
その人に合った嚥下の方法を考えます

話をきいた人●矢守 麻奈さん

—— **摂食・嚥下障害は、いろいろな人に起こりやすい障害と聞いたのですが、こちらの病院でも、そのような方は多いのでしょうか。**

　摂食・嚥下（えんげ）に関しては、内科外科を問わず、どんな病気の患者さんでも問題として出てくることが多い障害です。

　現在この病院で言語聴覚療法を受けている方は入院、外来あわせて44名で、そのうち26名は摂食・嚥下障害のある方です。この26名の半数はがんの手術や感染症のあとの方、残りの半数が脳血管疾患や神経難病の方ですね。摂食・嚥下だけでなく、構音障害や失語症などの問題もあわせ持つ方が多いです。

　また、80代以上で大きな手術をした患者さんだと、膝（ひざ）や股関節（こかんせつ）といった本来なら嚥下に関係のない箇所を手術した場合でも、嚥下障害が起きてしまうことがあります。体力が低下したり、筋肉が細く弱くなって飲み込みの力が衰えてしまうんですね。高齢化によってこのような嚥下障害も増えています。

—— **患者さんの嚥下について、どのように診ていくのでしょうか。**

　例えば脳卒中の患者さんに対して、薬は口から飲むことができるのか、口から御飯を食べさせて大丈夫か、などの判断がすぐに必要とされますね。すると医師の処方が出て言語聴覚士が患者さんのベッドサイドに伺い、口の動きやのどの動きを見たり、ごく少量のゼリーなどを召し上がっていただいたりして、その方に適切で安全な方法を考えていきます。

全身状態や意識が安定している方なら、嚥下の訓練は早くから始めるほど効果がありますね。以前いた病院で、脳卒中で発症から2か月たってから訓練を始めた方は、3食食べられるようになるまでに結局5か月かかりました。これは最初から集中的に訓練すれば1、2か月で終わったのではないかと思います。嚥下障害をそのままにしておくと、誤嚥（ごえん）や窒息などの危険性もあります。

—— 患者さんによって訓練の仕方も変わるのですか。

飲めないとか、咳（せき）が出ている、むせているといった様子が同じように見えても、障害の起こっている場所やその原因などは患者さんによってそれぞれ違いますから、それに合わせた対応や訓練が必要になります。

その人に適した姿勢をとるにはどうしたらいいかを理学療法士さんと相談したり、看護師さんに夜勤時間帯の患者さんの状態、微妙な治療方針の変更、投薬の変更などを教えてもらったり、こちらからも情報を提供したりして、スタッフ間で細かく打ち合わせをします。

栄養士さんとも、どんな食事の形態が食べやすいかといったお話をしますし、また栄養士さんだけでなく調理する方などにも、どうしてそういう形態の食事が必要なのかを説明する機会を作っていただいています。

—— 口から食べられるようになると、患者さんもうれしいでしょうね。

最初は落ちこんでいた方も、食べられることがわかると、喜んでくださいますね。プリンとかヨーグルトとかで訓練することが多いのですが、甘いものがお好きじゃない方に好みを伺って卵豆腐を使ってみたら、「あー、これが食べたかったんだよね」と涙ぐまれて。それを見ていた臨床実習生がもらい泣きをして、私もああよかったなあと実感したことがあります。

材料や調理法の選択で食べやすくなることもあり、そうめんが食べたいという方に、めんを短く切って味を薄めにしてゼリー状にしたら食べられたということもあります。私は食べるのも料理も好きなので、外食の際には、これはどう調理したら障害のある方でも食べられるかな、と考えたりします。これから言語聴覚士をめざす方には、広い知識といい意味での好奇心を持っていただけたらと思います。

（取材は2002年11月）

やもり まなさん
東京都立駒込病院リハビリテーション科所属。1984年国立身体障害者リハビリテーションセンター学院を卒業。以来今日まで病院で言語聴覚療法に携わる。97年医学博士号取得。

<インタビュー6>

新生児聴覚検査に携わる言語聴覚士にきく
聴覚障害児は早期発見・療育が大切です

話をきいた人●福田　章一郎さん

―― 福田さんの職場である岡山かなりや学園とは、どのような施設ですか。

　0歳から6歳就学前までを対象とした難聴乳幼児の通園施設です。診療施設も併設しており、ことばや聞こえの相談を受けると、問診ののちに聞こえの各種検査や耳鼻科診察、発達検査・知能検査、ことばの検査などを行います。

　その結果、当学園での療育が必要と診断されると児童相談所の手続きを経て入園となります。他の機関から紹介されて入園するお子さんもいます。入園定員は50人。職員は現在19人で、そのうち12人が言語聴覚士です。それぞれのお子さんの聴力に適した補聴手段およびコミュニケーション手段を考え、グループ指導や個別指導でことばの発達を促し、保護者のサポートもしていきます。

―― 乳幼児の聴覚の検査とは、どのようなことを行うのでしょう。

　学園で行う聞こえの検査は、BOA（聴性行動反応聴力検査）、COR（条件詮索反応聴力検査）、ピープショウテスト、遊戯聴力検査、標準純音聴力検査、語音聴力検査、ABR（聴性脳幹反応聴力検査）、OAE（耳音響放射）、ティンパノメトリなどがあり、これらを組み合わせて聴覚の状態を調べていきます。

　このうちABRは、刺激音を聞かせて脳幹部で生じる脳波を記録するという聴覚検査法なのですが、検査には専門的な技術が必要で、検査時間も少しかかります。最近、新生児を対象に短時間で検査ができ、特別な検査技術を必要としない自動ABR装置が登場し、これを導入する医療機関も増えています。

——難聴の発見やことばの指導は早いほどいいのですか。

アメリカの論文では、ことばの発達は生後6か月までに療育を開始することが重要であるとされています。乳児期に難聴が発見されれば、早期に人工内耳や補聴器および視覚手段などその子に合った対応がとれ、療育することができます。こうした対応や療育は、早く行ったほうが効果的だといわれています。

岡山県では2001年7月に新生児聴覚検査事業が始まりました。これは産科医療機関において、誕生した新生児を対象に、入院中に自動ABR装置による聴力検査を実施するというもので、41施設が参加しています。この検査で要再検になると精密検査を行います。岡山県では年間約1万9000人の新生児が誕生しますが、検査の対象となるのは1か月に1000人前後です。精密検査が必要となるのはそのうち約0.37％で4人ぐらい、指導が必要となるのは1人前後です。生後3か月以内に難聴を発見し、生後6か月までには療育を開始するというシステムで、難聴と診断された場合はかなりや学園に紹介されます。

——新生児聴覚検査事業が全国に広がると、言語聴覚士の職場も広がるのでしょうか。

厚生労働省は1998年度に「新生児の効果的な聴力スクリーニング方法と療育体制に関する研究」を始めました。岡山県の新生児聴覚検査事業はこの研究のモデル事業なのですが、岡山県では、以前より岡山大学医学部とかなりや学園、また小児科や耳鼻科などの医療機関および保健所との行政などの連携がうまくとれていたという背景があって、この事業がスムーズにできたのです。他の都道府県にはまたそれぞれの事情がありますから、すぐに全国で実施されるのは難しいでしょう。

このごろでは設備の充実の一環として自動ABR装置あるいはOAEを置く産院も増えてきました。言語聴覚士が必要となるのは難聴が疑われたあとの、治療や療育、保護者のサポートといった部分になるのですが、これらについてはまだまだ十分な体制が整っているとはいえません。早期発見のシステムを作るのと同時に、難聴児とその保護者へのサポートの体制を充実させることが、今後の大きな課題だと思います。

（取材は2002年11月）

ふくだ しょういちろうさん
難聴幼児通園施設岡山かなりや学園に勤務。1950年生まれ、岡山県出身。関西学院大学卒業、会社勤務ののち、国立身体障害者リハビリテーションセンター学院に入学、翌年卒業。80年より現職。

第4章
多彩な学問領域の研究と進展が求められています

●言語聴覚障害学は多彩な専門領域から成り立っている

　言語聴覚療法は、言語、聴覚、発声・発音、認知、摂食・嚥下などのさまざまな障害を対象にしています。訓練・指導の効果をあげるためには、これらの障害がなぜ起こるのか、その発生のメカニズムを行動面と解剖・生理学面から解明することや、言語や認知の発達過程などについて知ることが必要です。

　言語聴覚士になるためには医学、心理学、言語学、音声学、音響学、言語発達学、社会福祉や教育に関する理論などの知識が必須とされていることからもわかるように、こうした広範な学問分野での新たな発見や研究成果は、言語聴覚療法の進展に欠かせないものです。特に最近飛躍的な進歩を遂げている脳科学分野や認知科学分野における研究は、人のコミュニケーション過程を科学的に分析・研究するうえで大変重要なものになっています。

●臨床研究が期待されている

　日本では1971年に養成所（現国立障害者リハビリテーションセンター学院言語聴覚学科）が開設されたのが、この分野の専門教育の始まりです。つまり養成校で言語聴覚障害について専門的な教育を受けた人が臨床の場に出てくるようになったのは、ここ30数年のこと。ですから臨床場面での基礎データの収集や研究が言語聴覚士一人ひとりに期待されています。実際に、現在言語聴覚士として仕事をしている人の多くは、医療・福祉・教育機関などに身を置いて、言語聴覚療法を行っています。そうして臨床に携わる傍ら、研究に取り組んでいる人がほとんどです。

また、この間の学問的な研究成果を受けて、評価や訓練の技法も日々進歩してきています。最新のアプローチによる研究が常に求められています。

●**研究発表の場は、学会や研究会などさまざま**

言語聴覚障害に関する研究はどのように進められているのでしょうか。

臨床研究にはある症例について詳細に報告するというような単一事例研究や、多数例を対象としたグループ研究などがあります。症例報告の例としては、特定の症例について、どのような症状に対してどのような訓練を行った結果、どの機能がどう改善したかを分析し、回復の経過やメカニズムを検討するものがあります。グループ研究の例としては、多数例から得たデータをもとに、ある群に属する者の障害の特徴や回復経過などを分析することが挙げられます。言語聴覚士は臨床研究のほか、健常なコミュニケーション過程や言語獲得に関する基礎研究も行います。

言語聴覚療法の分野では、障害によってはまだアプローチの方法が確立していないものもあり、こうした研究結果は、臨床場面でよりよい訓練法を常に考えている言語聴覚士への有用な示唆のひとつとなります。このような研究は、医師や看護師、作業療法士や理学療法士など多くのスタッフと患者の協力があって初めて成立するものです。

研究発表の場としては、各種学会や講演会、研究発表会、症例検討会、勉強会、学術誌への投稿などがあります。これらの場は、日々新しくなる情報に触れる貴重な機会でもあります。

言語聴覚士の職能団体である日本言語聴覚士協会の学会では、今後の言語聴覚療法のあり方や言語聴覚士の役割に関する討議も行われます。

倫理綱領や臨床実習マニュアルの作成など、この領域の質の向上に努めています。

言語聴覚障害に関係する学会や研究会
- 日本言語聴覚学会（日本言語聴覚士協会の学術集会）
- 日本コミュニケーション障害学会
- 日本音声言語医学会
- 日本聴覚医学会
- 日本リハビリテーション医学会
- 日本高次脳機能障害学会
- 日本神経心理学会
- 日本口蓋裂学会
- 日本摂食・嚥下リハビリテーション学会
- 言語障害臨床学術研究会
- リハビリテーション・ケア合同研究大会
- 言語発達障害研究会
- 日本嚥下障害臨床研究会　など

研究発表の例
- 失読失書を呈した若年症例の臨床経過
- 脳機能評価バッテリー作成の試み
- 言語発達遅滞児のひらがな文字形弁別について
- 脳血管障害患者の回復期リハビリテーションにおけるSTの役割―高次脳機能障害・構音障害の出現率の報告
- 老人保健施設入所者の認知・コミュニケーション機能の分析
- 小児科医院での言語聴覚療法の現状

（第3回日本言語聴覚士協会総会・学術集会にて）

多彩な学問領域の研究と進展が求められています

ルポ❼

取材先◎川崎医療福祉大学
しごと◎医療技術学部教授

教育と臨床と研究。
研究は、明日の臨床と
教育を見据えて

■ネットワークを構成する学園のなかで

　岡山県倉敷市郊外。JR山陽本線の中庄駅から歩くこと15分。広い通りの左右に大きな建造物群が見えてくる。学校法人川崎学園の教育、医療施設である。手前に見えるのが川崎リハビリテーション学院。隣接して川崎医科大学および附属病院、さらに奥には川崎医療短期大学。広い道路を挟んで、川崎学園共有の総合体育館と、今回、取材に向かう川崎医療福祉大学の校舎が見える。川崎医療福祉大学は、2学部10学科が置かれた医療福祉と健康科学の総合大学だ。

　校舎には上履きに履き替えて入る。精密な機器が置いてある各種検査室、多くのテスト器具や関連図書、実習用の机が並び学生が自由に出入りできる言語聴覚実習室。これらの部屋と一続きの空間に、言語聴覚の教員室があった。

　ここには1998年に同大学医療技術学部感覚矯正学科の教授の職に就いた熊倉勇美さんをはじめ、5人の教職員の机やパソコンが置かれていた。熊倉さんは大学卒業以来ずっと病院で言語聴覚療法に携わってきたが、現在は言語聴覚専攻のコースで教鞭を執る。同時に、川崎医科大学附属病院で言語聴覚療法の臨床活動も行っている。熊倉さんはこの共同の教員室のほか、別の階に個人の研究室も持って、教育と臨床と研究の3つの仕事を進めているのだ。

■講義は臨床の場面を想定して

　10：25。「起立、礼」の声により、熊倉さんの講義「嚥下障害」が始まった。

川崎医療福祉大学●DATA

岡山県倉敷市。医療福祉と健康科学を統合した4年制大学として1991年4月開学。学校法人川崎学園を設立主体とし、医療福祉学部5学科、医療技術学部5学科および大学院を擁する。医療技術学部感覚矯正学科は言語聴覚専攻と視能矯正専攻に分けられ、一学年の定員はいずれも30名となっている。

これは言語聴覚専攻の3年生の必修科目。熊倉さんはこのほかに音声障害、構音障害、吃音、各種演習や実習など全部で13の言語聴覚専攻科目を担当している。学生たちの手元には、テキストとともに熊倉さんが作成した講義のレジュメが広げられている。

● 追いかけた人

熊倉勇美（くまくら いさみ）さん／1947年生まれ、栃木県出身。日本社会事業大卒業後、医療機関において言語治療の臨床を続け、85年医学博士号取得。98年より川崎医療福祉大学医療技術学部教授、系列病院にて言語聴覚士を併任。

今日の講義テーマは「摂食・嚥下障害の評価と訓練」。熊倉さんは、言語聴覚士が実際に行う評価について、レジュメに沿って解説をしながら、「目の前に患者さんがいたら、何をする？」と学生に問いかけた。「問診をします」という答えに、さらにその内容などを尋ねていく。「○○さん、患者さんの栄養状態や脱水はどうやって判断しますか？」「正常な人の1分間の呼吸数は？　△△さん」。熊倉さんは講義の要所要所で学生を指名し、このような質問をする。名指しで質問をすることにより緊張感が生まれ、また学生がどこまで理解しているかを把握する目安にもなるからだ。

講義を開始して20分ほど説明が続いたところで、熊倉さんは反復唾液嚥下テスト（RSST）を学生同士で行わせた。これは口の中の唾液を、時間内に何回飲み込むことができるかを測り、嚥下の能力をみるというもの。学生は二人一組になり、一人が相手ののど仏（喉頭隆起）に指を当てて、唾液をごくんと飲み込む際ののど仏の動き（喉頭挙上）を視覚とともに触覚でも確認する。そして30秒間に何回唾液の飲み込みができるか、喉頭挙上の回数を数える。

「臨床で喉頭挙上を確認するとして、指示がわからなくて、ごっくんをしてくれない患者さんの場合はどうしたらいい？」と、また熊倉さんは学生に尋ねた。「冷たいものを口の中に入れる……？」という答えに「もし誤嚥したらどうするの？」と返すと、もう学生から答えが出てこない。少し待ってから熊倉さんは、患者さんをしばらくの間じっと見ていれば、どこかで必ず唾液を嚥下するのでそれを観察すればいいのだと説

OHPやビデオを使って説明。要所要所で学生を指名して理解度を確認しながら講義を進める

明した。熊倉さんは講義のなかで、折に触れ、実際の臨床の場面ではどうするのか、という話をする。長いキャリアを持ち、現在も臨床を続けている熊倉さんの話は、現場を熟知した者ならではの説得力とおもしろさを持っている。

■OHPやビデオ資料を活用

　反復唾液嚥下テストの計測が終わると、熊倉さんはOHPを使って、このテストの目的や適応、手続き、判定の方法、注意事項などを説明した。講義の後半では、教室に備えつけのAV機器で、ビデオ資料を見せる。摂食嚥下障害の評価や訓練は、他の障害に比べると、誤嚥など身体への影響という点では危険性が高い。医療機器を使わなければ見ることのできない口腔内のことだけに、実際の嚥下内視鏡（VE）検査や嚥下造影（VF）検査のビデオ資料は欠かせない。

　こうして講義で使うレジュメやOHP、画像資料は、熊倉さんが自ら作成、編集したもの。このような準備などデスクワークは、教員室か研究室で行っている。熊倉さんの研究室はパソコンやビデオ編集用のAV機器が置かれ、壁一面の棚に資料が整然と並べられていた。少しでもわかりやすい資料にするため、一度作ったものに、何度も手を入れているそうだ。

■教育に臨床に、忙しい合間に研究も進める、充実した毎日

　90分の講義が終わると、講義を受けていた学生が質問にやってくる。数人の質問に丁寧に対応したあと、熊倉さんは教員室に戻った。

　長年医療機関で臨床を続けてきた熊倉さんだが、その傍らに非常勤講師をした経験から、教育という仕事の楽しさ、おもしろさは感じていたという。この大学では教育だけでなく臨床の場も用意されていたことなどから、転職の決心をしたそうだ。管理職的な仕事が多くなり、拘束感を感じていた病院勤務時代に比べると、現在はずっと時間的な自由度が増え、研究に力を入れる余裕もできた。「でも教育という仕事も、時間をかけようと思えばいくらでもかけられる仕事ですね」。

　この校舎の、教員室と実習室の位置関係からもうかがえる、学生と教員のオープンな関係も魅力的だったと熊倉さんは言う。実際、特に学内実習の多い3年生や、卒業研究の指導を受ける4年生には、すぐに教員に質問できる構造だ。

ある日の熊倉勇美さん

8:30	9:00	10:25	11:55	14:00	17:30	19:30
出勤	診療準備・ミーティング	研究室にて講義準備	講義「摂食・嚥下障害」	学生指導、打ち合わせ、昼食	大学病院にて臨床	研究室にて資料の整理・研究

そしてその言葉どおり、熊倉さんはなるべく教員室に在室し、学生たちが気軽に質問や相談ができる雰囲気を大事にしている。

遅い昼食をとったあと、熊倉さんは臨床を行う附属病院に向かった。今日は14：00から3ケースの言語聴覚療法の予約が入っている。1ケース20分から40分の訓練を終えると、また大学に戻る。このあとに講義はないが、ゼミの学生との打ち合わせ、レポートの採点、講義の準備とやるべきことは多い。教授会や学内の委員会の仕事が入ることもある。しかし忙しいスケジュールを調整して各種学会に足を運ぶなど、熊倉さんは自分の勉強にも余念がない。

■臨床の役に立つ研究をめざして

熊倉さんの研究テーマは次のとおりだ。症例研究として、Ⅰ：口腔がん術後のリハビリテーション――構音障害、摂食・嚥下障害。Ⅱ：音声障害のリハビリテーション。Ⅲ：摂食・嚥下障害のリハビリテーション――ⅰ）嚥下反射に対するThermal stimulation（冷圧刺激）の効果、ⅱ）咽頭残留とその軽減法の検討、ⅲ）嚥下時における喉頭挙上の観察、ⅳ）VFとVEの比較研究。Ⅳ：運動障害性構音障害のリハビリテーション――鼻息鏡を用いた鼻漏出の測定に関する研究。

症例研究には病院での臨床が、基礎的研究には例えば健常者のデータ採集に学生の協力を仰ぐなど、いまの環境が大いに役立っている。

言語聴覚障害の基礎的研究は、まだ手をつけられていない部分が多い。例えば、上記Ⅲのⅲ）は、ものを飲み込むときにのど仏がどのくらい上がるのかを見るものだが、どこまでが正常なのか、まだ明確にされていない。熊倉さんは臨床研究を続けていきながら、このような臨床データを集め、将来、データハンドブックとしてまとめたいと考えている。

「臨床に役に立つ教科書、また臨床の行間を伝えられるようなガイドブックを作りたい。研究は、臨床の役に立つものでなくてはならないと私は考えています」。熊倉さんはそう語った。

（取材は2002年12月）

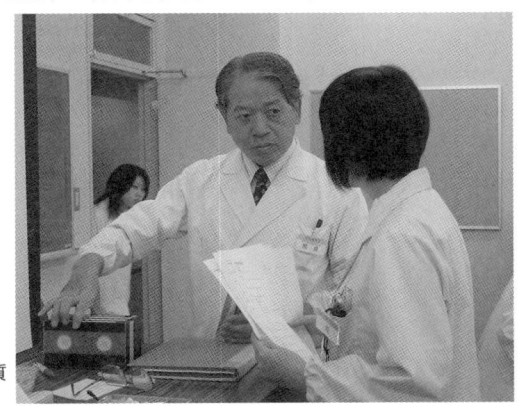

授業を終え、学生の質問に応じる

[海外の言語聴覚士の状況は？]

answer
言語聴覚療法の始まりはヨーロッパ。いまはアメリカでの発展がめざましい

　音声言語医学は1911年にウィーン大学で音声言語障害を対象とした診療が行われるようになったのに始まります。そして1924年、国際音声言語学会（IALP）がオーストリアで設立されました。この学会はいまも活動しています。

　一方、独自の発展を遂げたのがアメリカです。まずは公立小学校で"言語治療教師"が活躍を始め、学校制度に基盤を置いた言語治療が始まりました。1925年に言語聴覚士の職能団体、米国言語聴覚学会（ASHA）が発足。その後、失語症、運動障害性構音障害などの医学的色彩の濃い領域へと拡大しました。

　ちなみに、アメリカの言語聴覚士は、音声障害、言語機能障害を対象とする言語専門職（SLP＝Speech-Language Pathologist）と、聴覚障害を対象とする聴覚専門職（AT＝Audiologist）の、それぞれ独立した資格（両方の資格を持って活躍する人もいます）。いずれを取得するにしても、大学院修士号の取得が必須という、高いハードルが設けられています。

　2001年現在、アメリカで活躍する言語聴覚療法の専門家の数は、SLPとATあわせて9万7351人。専門家の数においても、サービスや研究の質においても、その他の国を凌駕しています。

　こうした点に注目し、「海外（特にアメリカ）に留学して言語聴覚士をめざしたい！」という学生もいます。ただ、海外の課程を修了しても、日本の国家試験の受験資格が得られるかは厚生労働省の個別審査となりますし、仕事の性質上、海外で研究や臨床を行うにはかなりの語学力が必要。海外留学は、十分に準備したうえでトライしたいものです。

● 第 4 章
将来の言語聴覚士の姿が見えた？

立ち止まってチェック！

言語聴覚士を取り巻く今後の状況について、次のようなポイントが挙げられます。それぞれの理由について考えてみましょう。

1 社会保障制度の動向は、今後も要注目
回答例
診療報酬や介護報酬は、言語聴覚士の雇用や待遇等に大きな影響を与えます。言語聴覚療法や言語聴覚士の位置付けに注目していきたいものです。

2 在宅訪問や通所での言語訓練のニーズが高まる
回答例
医療施設では十分な言語聴覚療法を受けないままで自宅に戻る場合も出てきています。地域で言語訓練を受ける場が必要です。

3 十分な臨床経験を積んで開業することも
回答例
言語聴覚士は開業が可能ですが、ことばの教室などは、まだ数が少ない状態です。開業するには、相当の臨床経験が必要です。

4 社会の高齢化が進むにつれ、言語聴覚士の需要が増える
回答例
高次脳機能障害や摂食・嚥下障害は高齢者に多い障害です。高齢者人口が増えるにしたがい、これらの障害の件数も増えてくると考えられます。

5 患者のニーズを理解し、受け止める人間性がより必要に
回答例
個人の生活や価値観、人生観が多様化しつつあるいま、本人にとってのQOLを見据えてアドバイスすることも、これまで以上に求められるでしょう。

6 さらなる研究の充実が求められる
回答例
障害によってはまだ評価や訓練の技法が確立していないものもあり、言語聴覚療法の基礎的データについても、今後の充実が求められます。

```
         ┌─────────────┐
         │ プロローグ   │
         └──────┬──────┘
                ▼
 ┌───┐   ┌─────────────┐
 │第1章│  │ 資格のあらまし │
 └───┘   └──────┬──────┘
                ▼
 ┌───┐   ┌─────────────┐
 │第2章│  │ 仕事の内容    │
 └───┘   └──────┬──────┘
                ▼
 ┌───┐   ┌─────────────┐
 │第3章│  │ 働く現実      │
 └───┘   └──────┬──────┘
                ▼
 ┌───┐   ┌─────────────┐
 │第4章│  │ 将来の可能性  │
 └───┘   └──────┬──────┘
                ▼          あなたはいまここ!!
 ┌───┐   ┌─────────────┐   ┌──────────────────┐
 │第5章│  │ 進路の選び方  │   │これから期待されて │
 └───┘   └─────────────┘   │いる分野がわかった │
                           └──────────────────┘
```

第5章

あなたに合った資格の取り方を見つけましょう

言語聴覚士になるには、国家試験を受けて
合格しなければなりません。
その国家試験にたどりつく最初の入り口が養成校です。
この章ではどんな養成校があるのか、その種類や特徴、
養成校での勉強の内容や学生生活を紹介しています。
さて、あなたに合うのはどんな学校なのでしょう。

第5章 1.

指定養成校のカリキュラムは一般教養から臨床実習までぎっしり

●**カリキュラムは「言語聴覚士学校養成所指定規則」で定められている**

　第1章5.で述べたように、言語聴覚士への代表的なコースは、文部科学大臣か厚生労働大臣が指定した養成校を卒業したのち、国家試験に臨むというコースです。指定養成校には現在、高卒者を対象とする4年制大学、短大、専門学校（3年制と4年制）と、大卒者を対象とする2年制の専門学校等があります。

　指定養成校で学ぶカリキュラムは「言語聴覚士学校養成所指定規則」（以下、指定規則と略）に定められていて、高卒者対象の課程では、基礎分野12単位、専門基礎分野29単位、専門分野44単位（うち実習12単位）、選択必修分野8単位の合計93単位以上が修めるべき単位とされています。指定規則に示された教育内容と必要な単位数は、右ページの表のとおりです。1単位あたりの時間の目安は、大学設置基準の規定により講義および演習が15〜30時間、実験・実習・実技が30〜45時間です。

　大卒者対象の2年課程の場合は、すでに基礎分野などの単位が履修されているため、必要な単位は73単位となっています。

●**基礎分野では一般教養を身につける**

　養成校の最初の学年で学ぶのが基礎分野です。これは大学では一般教養科目とよばれているもので、視野を深め、バランスのとれた教養を身につけるため、さまざまな分野について学びます。それぞれの内容について科目の例を挙げると次のようになります。

・人文科学……文学、哲学、文化人類学、倫理学、教育学、歴史学など。

・社会科学……政治学、経済学、社会学、法学、国際経済学など。
・自然科学……生物学、化学、物理学、数学、統計学、情報科学など。
・外国語………英語、ドイツ語、フランス語、スペイン語、中国語など。
・保健体育……健康科学論、体育演習など。

　一見、言語聴覚士の仕事とは関係なさそうに思われる科目もありますが、幅広い知識や人間性を求められる言語聴覚士にとっては不可欠な勉強です。

●専門基礎分野も多彩な領域

　専門基礎科目は、言語聴覚障害学の基礎となる科目です。具体的には、解剖学や生理学、病理学などの基礎医学、耳鼻咽喉科学（いんこう）、臨床神経学、内科学、小児科学などの臨床医学、臨床歯科医学といった科目を通して、医学の基礎概念、人体の構造と生理、病気・障害の概念、各種疾患について勉強します。言語学の分野では、言語の成り立ちと意味、音声の単位と記述法、言語と認知の関係などについて学びます。心理学の分野では、臨床心理学、認知心理学、学習心理学、発達心理学などの科目から、記憶や行動、思考のしくみ、学習の原理などを学ぶほか、心理療法に関する理論、心理学的検査、実験計画法なども教わります。その他、社会保障制度や関係法規などの知識を修得します。

●専門分野は言語聴覚障害についてさらに深く学ぶ

　専門分野では、失語・高次脳機能障害や言語発達障害、発声発語障害、摂食・嚥下障害（えんげ）、聴覚障害について、その原因や症状、評価・治療法の理論と技術などを講義と演習によって学んでいきます。基本的に専門分野は2、3年次の授業となりますが、「言語聴覚障害総論」といった、この仕事の入門的な授業は1年次に取り入れる学校がほとんどです。専門分野では、480時間以上をかけて臨床実習が行われます。臨床実習は言語聴覚士教育のハイライトです。

　選択必修分野は、専門基礎分野・専門分野を中心に講義または実習を行う、と定められています。

言語聴覚士の養成カリキュラム

教育内容	単位数
【基礎分野】	
人文科学2科目	2
社会科学2科目	2
自然科学2科目	2
外国語	4
保健体育	2
【専門基礎分野】	
基礎医学	3
臨床医学	6
臨床歯科医学	1
音声・言語・聴覚医学	3
心理学	7
言語学	2
音声学	2
音響学	2
言語発達学	1
社会福祉・教育	2
【専門分野】	
言語聴覚障害学総論	4
失語・高次脳機能障害学	6
言語発達障害学	6
発声発語・嚥下障害学	9
聴覚障害学	7
臨床実習	12
【選択必修分野】	8
合計	93

（高卒者対象課程）

指定養成校のカリキュラムは一般教養から臨床実習までぎっしり

●臨床実習は仕事を体感する貴重な機会

　臨床実習では、実際に言語聴覚療法が行われている病院や保健・福祉施設などに行き、そこで働く言語聴覚士の指導を受けます。実習を通して、各種検査、障害の評価や診断、治療の仕方など基本的な臨床技術や態度を身につけます。それぞれの職場について理解し、仕事の厳しさや喜びなどを体験しながら専門職になる自覚を深める貴重な機会です。養成校によっては実習の場所は1か所のみでなく、数週間ずついくつかの施設で経験できるようになっています。

●レポートも多く、日々の勉強はけっこうハード

　養成校の授業は1年次では講義の割合が多く、徐々に演習や実習が増えてきて、最終学年は臨床実習がメインになります。学期ごとに試験（またはレポート提出）を行うのが一般的ですが、日ごろの授業でも頻繁に課題が出されることが多いようです。勉強はかなりハードですが、充実した学生生活を送れます。

●養成校のカリキュラムは、その学校の教育方針が反映される

　カリキュラムの規定は大学と専門学校で同一ですが、実際の授業科目の名称やカリキュラムの組み立て方は養成校により異なります。前ページの表にある教育内容は学ぶべき最低基準なので、より充実した知識や技術の修得に向けて、独自の科目を設けたり、履修時間を多くしている養成校も少なくありません。生命倫理など、医療に従事する者としての心の部分に時間をかけたり、チーム連携の実習をして実践的な力をつけることに重点を置く養成校もあります。

●最終学年には国家試験に向けた勉強も

　養成校の最終学年になると国家試験に向けての準備が始まります。最終学年では臨床実習があるので、本格的に試験勉強に取りかかるのは、秋ごろからになるようです。国家試験に向けて特別の授業をする養成校もありますが、特にそのような講義はなく、学生たちが自主的に学習会を作るという養成校もあります。これまでの合格率が50〜60％台（p127の表参照）なので、言語聴覚士の国家試験は難しいと思うかもしれませんが、これは現任者や既卒者を含めた数字です。養成校新卒者の合格率はこれよりも高いと推定されており、授業の内容をきちんと修得していれば合格できる状況といえます。

手話は関係ないの?

answer
障害の状態によって、使える コミュニケーション手段はさまざまです

　これまでみてきたように、言語聴覚士は言語聴覚障害のある人を対象にします。特に聴覚障害者というと、手話を使う姿が思い浮かび、手話も覚える必要があるのかな？　と思った人もいるでしょう。

　例えば、「のどが渇いた」と、話しことばを使わずに相手に伝えることを考えてみましょう。手話のほかに、相手の目を見て表情で訴える、水を飲むしぐさなど身振り手振りのジェスチャーで伝える、紙に書いて渡す、などの方法がありますね。では、今度は手が動かないという条件が加わったら？

　言語聴覚士が対象とする、「ことばの障害」を持つ人には、麻痺(ま ひ)によって発音できなくなった人もいます。そのような場合、50音の文字盤を1字1字指し示したり、ふだんよく使う単語やメッセージを絵や文字で書いたコミュニケーションノートなども使われています。また、キーボードやスイッチを押し、スピーカーから音声を出す電子機器もあります。これには、50音キーボードに対応した音声の出るもの、よく使うことばを登録・再生できるもの、パソコンやプリンタと連動して使うものなどがあります。操作を行うスイッチやセンサーも多様で、腕、足、指先、頭部（舌・唇(ほお)・頬・額・呼気・頭等）などを使うもののほかに、最近では、眼球の動きや脳波でも操作できる機器が登場しています。

　対象者に合わせて手話を用いる場合もなかにはありますが、むしろ障害を持つ人それぞれの状態を的確に把握し、最も適したコミュニケーション手段を考えるのが言語聴覚士の仕事です。

ルポ❽

取材先◎国際医療福祉大学
人◎言語聴覚学科の学生

勉強はハードだけど理解する過程は楽しい。目標に向かってがんばる毎日は充実した日々

■講義と演習で理解を深める授業

「では、プリントを配ります」。国際医療福祉大学E棟の教室に、廣田栄子先生(ひろたえいこ)の声が響く。午前9：00。保健学部言語聴覚学科の専門科目「聴覚障害学Ⅱ」の講義が始まった。教室の前方に座るのは、30人ほどの学生。最前列の学生がプリントを受け取り、順に後ろの学生に手渡していく。プリントに記されたタイトルは「聴性電気反応──他覚的聴力検査への応用」。廣田先生の作った講義のレジュメである。学生たちはテキストを広げ、先生の講義に耳を澄ます。私語はない。静かな教室に聞こえるのは、先生の声と板書のときのチョークの音、そして学生がノートをとる音だけである。

いま、教室で講義を受けているのは、言語聴覚学科の2年次の学生だ。この「聴覚障害学Ⅱ」の授業は、100人ほどいる2年生を3つのグループに分けて行われる。1つのグループがこの講義を受けている時間に、同じ階にある実習室の各部屋では、他のグループがさらに4〜6人ずつの班単位になって演習を行っている。いろいろな補聴器特性試験装置を使い、補聴器の測定を行う班、学生同士で被験者となり、幼児を対象とした各種の聴力検査を行う班、鈴や太鼓などの音の周波数を測定する班……。実際に装置に触れて検査等を体験してみるのは、講義と違った面白さがあるようで、学生たちはいきいきと課題に向かっている。もちろん、ただ楽しんでいるだけではない。これらの結果について

国際医療福祉大学●DATA
栃木県大田原市。1995年4月開学。看護学科、理学療法学科、作業療法学科、言語聴覚学科、視機能療法学科、放射線・情報学科、医療経営管理学科、医療福祉学科の8学科を擁した医療福祉の総合大学。保健・医療・福祉の総合的な視点からの教育、研究活動に取り組んでいる。

は、あとで記録をまとめ、分析し、さらに出題された課題を考察してレポートを提出しなければならないのだ。

■**目標に向けた勉強は、大変だけど楽しい**

廣田先生の講義を受けている学生に話を聞いた。言語聴覚学科2年生の井出育子さん。井出さんが言語聴覚士になろうと思ったのは、高校2年生のとき、整形疾患のために療養型の病院に入院したことに始まる。もともと人と接することが好きだった井出さんは、1年ほどの入院中、そこでことばに障害を持つ人たちと出会い、毎日のようにおしゃべりをした。そしてその人たちが懸命にことばの訓練を受けている姿を見て、ことばというものの大切さや、それが自分で思っている以上にかけがえのないものだということに気付いたのだという。言語聴覚士という仕事を知ったのもこのときだった。以前から医療関係の職業に就きたいという思いは抱いていたが、この出来事があって、ことばに携わる職業に就きたいと考えるようになったそうだ。

●**追いかけた人**

井出育子（いで いくこ）さん／1981年山梨県生まれ。学業、サークル活動、アルバイトと多忙な日々を送る2年生。
栗林貴之（くりばやし たかゆき）さん／1980年長野県生まれ。最後の臨床実習に臨む4年生。

「なぜ、この大学を選んだのか？」という問いに、井出さんは「施設が充実していること、周りの自然環境が豊かなこと。医療技術職のあらゆる学科がそろっていること」と答えた。実はほかにも合格した学校があったのだが「専門分野の勉強だけでなく、人格形成を重視しているという教育理念、そして何よりも臨床と同時に最先端の研究も行い、私たちの分野のリーダーシップをとっているすばらしい先生方がそろっている点」に魅力を感じ、国際医療福祉大学の学生になったのだという。

大学での勉強は大変だ。考えることが多いし、日々レポートに追われる。でも、こうして目標に向かって勉強をするのは楽しいと話す井出さん。所属しているボランティアサークルでは代表を務め、土曜と日曜はアルバイトもある。はた目にはハードな生活に映るのだが、

「聴覚障害学Ⅱ」の講義。2年生の授業とはいえ、話は専門的な内容で学生は真剣にノートをとっている

井出さんは「私、忙しいほうが元気なんです」と笑う。

■**附属施設の言語聴覚センターでは臨床実習も行われる**

　大学のキャンパス内には、附属施設として国際医療福祉クリニックが設置されている。このクリニックの1階には内科、小児科、外科などの一般診療科があり、2階は言語・聴覚障害を持つ人の検査・診断、治療、リハビリテーションを行う言語聴覚センターが置かれている。このセンターでは医師、言語聴覚学科教員12名、専任の言語聴覚士5名がさまざまな障害に対応し、第一線の専門的サービスを対象者に提供している。井出さんが講義を受けているころ、言語聴覚センターの訓練室では、4年生の臨床実習が行われていた。

　この臨床実習ではグループを構成し、患者に直接的に接し、言語訓練を担当する。訓練室には言語聴覚士（セラピスト）役の学生と記録・補助役の学生が入り、現役の言語聴覚士でもある教授が見守るなか、訓練を行う。残りの学生は隣の部屋でマジックミラー越しにそのやりとりを観察する。もちろん、患者には、学生の参加についてあらかじめ了解を得ている。セラピスト役と記録・補助役は毎回交代することになっており、今回セラピスト役を務めるのは栗林貴之さんだ。

■**臨床実習では基本的な臨床態度や臨床技術を身につける**

　ちょっと緊張した面持ちの栗林さんは、大きな机を挟んで患者のハラさん（仮名）と向きあう。ハラさんは失語症と右半身の麻痺があり、以前から訓練を受けている。栗林さんは白衣につけたネームプレートをハラさんに示し、はっきりした口調で名前を告げ、自己紹介をする。

　まずは会話の訓練である。栗林さんは机に地域の公園の地図と写真を広げた。写真が趣味のハラさんと会話の練習をするために作成したものだ。「お勧めのスポットはどこですか」「この公園は寒い時期と暖かい時期のどちらがいいんでしょうね」などと、話しかけ方やことばの引き出し方を工夫してハラさんのことばを引き出そうとする。ハラさんのことばがうまく出ないときは、「○○ですか、それとも○○ですか」と手がかりを与える。会話の練習を10分行うと、少し休んでから物の名前を言う課題に進む。

ある日の井出さん（図上、取材日とは別の日）、**栗林さん**（図下）

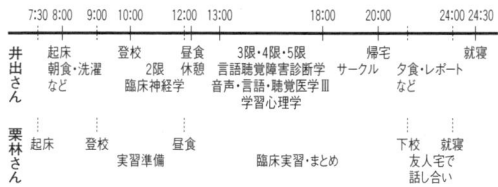

時刻	7:30	8:00	9:00	10:00	12:00	13:00		18:00		20:00		24:00	24:30
井出さん	起床 朝食・洗濯		登校	2限 臨床神経学	昼食	休憩	3限・4限・5限 言語聴覚障害診断学 音声・言語・聴覚医学Ⅲ 学習心理学		帰宅 サークル		夕食・レポート など		就寝
栗林さん	起床		登校	実習準備	昼食		臨床実習・まとめ			下校 友人宅で話し合い		就寝	

栗林さんの隣にはこの臨床実習担当の藤田郁代先生が座っていて、刺激の与え方、反応の引き出し方、対象者への接し方、ことば遣いなどをみている。患者に対する臨床態度を身につけること、それも臨床実習の目的なのだ。
　訓練開始から20分ほどたった。藤田先生が「どんどん課題を進めることはよしましょう」と栗林さんに声をかけた。そしてハラさんに「クリスマスはどうします？　ケーキは召し上がります？」と話しかける。栗林さんにも「あなたも、ケーキは好き？」と尋ねた。突然話題を振られて戸惑う栗林さんの様子に、隣室で見ている学生たちは笑みを漏らす……。ハラさんのことばの状態は先ほどと変わっていないのに、藤田先生とハラさんとのやりとりはとてもスムーズで、訓練室は和やかな雰囲気になった。これがコミュニケーションをサポートする言語聴覚士の、プロとしての技なのだろうか。

■実習を重ねて社会人としての仕事の重みを自覚する

　言語聴覚学科の学生は、2年生の見学実習、3年生の評価実習に引き続き、4年生では2週間の事前実習、6週間の学外実習と8週間の学内実習がある。いま行われている臨床実習が学内実習に相当するもので、あらかじめグループ全員で訓練目標を検討し、綿密に計画を作成、必要があれば絵カードなどの教材も自作する。訓練終了後は指導教員とともにミーティングを行い、実習結果を分析し、まとめを行う。

　臨床実習のあとで、栗林さんに今日の感想を聞いた。マジックミラー越しの観察者でいたときは冷静に見ていられたが、自分がセラピストとなると緊張する。声の大きさや話の間の取り方などは、友達や先生と話すときと同じではいけないのを痛感した。やはり訓練室に入ってみなければわからないことも多く、今日は勉強になったと言う。「学生という甘えが通用しない世界です。実習を重ねるごとに、社会人としての責任感を感じています」と語る栗林さん。今回の実習が終われば、あとは国家試験に向けた総まとめの勉強。順調にいけば春からは病院勤務の言語聴覚士となる。

（取材は2002年11月）

井出さんが講義を受けている時間、別室では同じく2年生が「聴覚障害学Ⅱ」の演習を行っていた

第5章 2. 中高生のあなたに向いているのはどんな養成校?

●**高卒者対象の養成校には4タイプ**

言語聴覚士になるルートのなかで、高校を卒業した人を対象とする指定養成校は、4年制大学、短大、3年制専門学校、4年制専門学校の4種類があります。中学生なら、高校を卒業してこのうちのどれかに進むことになります。

どのタイプの養成校を卒業しても国家試験の受験資格を得ることができますが、学校の中身には違いがあるのが現状です。自分の目的に合った学校を選ぶために、まずは大学と専門学校の違いから理解していきましょう。

●**大学と専門学校では、学校設立の目的が違う**

学校教育法によると、大学は「学術の中心として、広く知識を授けるとともに、深く専門の学芸を教授研究し、知的、道徳的及び応用的能力を展開させること」を目的とし、専門学校は「職業や実際生活に必要な能力を育成し、または教養の向上を図ること」を目的としています。実際に専門学校では、即戦力となることに重きを置いたカリキュラムになっていることが多いようです。

学歴に関しては、大学の課程を修了すると「学士」の、専門学校では「専門士」の学位を得ることができます。「専門士」は短期大学で得られる「準学士」と同等に位置付けられており、大学への編入も認められています。とはいえ深く学び、臨床研究をすることに興味があるなら、大学を選んだほうが、のちに大学院への進学、といった進路が身近になるでしょう。

言語聴覚士は資格職なので、就職の際に学歴を限定されることはあまりありません。ただし給与や昇進の面で、学歴によって差が生じるところがあります。

Q【「専門士」の学位がとれる専門学校の条件は?】

A
1. 修業年限が2年以上
2. 総授業時間数が1700時間以上
3. 試験などによる成績の評価を行い、課程の修了の認定を行っていること

●3年制と4年制の養成校の違いは？
　言語聴覚士になるために必要な単位は93単位。これはどの養成校でも同じです。しかし大学ではこの93単位のほか、さらに卒業するのに必要な単位数があり、それを修得しなくてはなりません。4年制の専門学校も同様で、最低限必要な勉強のほかに、さらに広く深く学べるようにカリキュラムが組まれています。医療職の仕事は、職に就いたあとも継続して勉強が必要です。それを考えれば1年間の時間の違いは決して回り道ではありません。しかし1年分在学期間が短ければ、経済的な負担がその分軽くなるというメリットがあります。

●学校選びのチェックポイントは？
　2013年4月の時点で、言語聴覚士の指定養成校は65校72コース、そのうち高卒者を対象とした養成校は45校46コースあり、少しずつ新設校が増えています。
　自分の学力や経済力（つまり学校の難易度や学費）で候補はある程度絞れても、その先はどう選べばいいかわからないという声もよく聞きます。まずは学校の情報を集め、足を運んで実際の雰囲気を自分の目で確かめてみましょう。
　注意したいポイントとしては、教育方針、カリキュラムの内容、教員の顔ぶれ、学校の設備や施設、就職率やその就職先、国家試験の合格率などがあります。例えば図書館の充実度は日々の勉強に影響しますし、教員の力量は授業の質に直結します。教員がどんな研究をしているのか、ホームページなどで調べてみるといいでしょう。また、最近では養成校全体の学生数が増えたため、実習先の確保が難しくなっている学校もあるようです。実習先としてどんなところが用意されているかも確認しておきたいものです。

●中高生のあなたが今しておきたいこと
　まずは充実した毎日を送ることを心がけてみてください。多くの本を読んだり、好きなことに打ち込んだり、ボランティアをしてみるのもいいでしょう。その日々のなかで、自分が本当にしたい仕事についてよく考えてみましょう。
　養成校の入試を突破できる学力をつけておくことも大切です。国語、英語、生物、物理などは興味を持って学んでおくとよいでしょう。また、できれば言語聴覚士の職場を見学するなど、仕事への理解を深めておきましょう。

<インタビュー7>

言語聴覚療法学専攻の大学生にきく
学ぶことが楽しいと感じる毎日です

話をきいた人●山崎　友莉さん

—— **言語聴覚士をめざそうと考えたのはいつごろですか。**

　私は中高一貫教育の学校で学んでいたのですが、自分の進路や将来の受験に関しては高校1年のころから考えておくようにと言われていて、そのころから自分がどんな仕事に就きたいかを考えました。医療関係の仕事を選んだのは、人とかかわる仕事をしたいという思いがあったからです。言語聴覚士という仕事については大学のパンフレットなどから知りました。自分のなかに「人間について知りたい」という強い思いがあり、人の内面を表現する言語を扱うこの専攻なら、それについて学べるのではないかと考えました。

—— **どうしてこの大学を選んだのでしょうか。**

　高校1年の夏休みに、北里大学の一日体験入学に参加しました。そのときに先生方が大変熱心に一生懸命説明してくださったこと、またキャンパスが広く、大学の雰囲気も気に入りました。さまざまな人と接することになる医療関係の仕事なので、単科大学ではなく、いろいろな学部のある総合大学がいいのではないかとも思いました。

—— **大学に入って実際に勉強を始めてみた感想は。**

　大学入学前には、この仕事に対して、ことばの面に関するカウンセリングに近いもの、というようなイメージをもっていました。でも実際に学んでみると音声学や発達障害学など、思ったよりもずっと扱う分野が広いですね。ことば

に関する専門的な知識や生理学とか解剖学などの医学知識など、本当に幅広い知識が要求される仕事だと思います。

　授業は1年次のときは一般教養が主で、2年次は基礎専門科目、3年次で専門科目を学びます。4年次はほとんど臨床実習です。レポートを書くときは調べることも多く、まとめきれなかったりして大変なのですが、先生の授業を聞いているときはとても面白く、この大学に来てよかったなと感じています。勉強が楽しいと感じられることが、いちばんうれしいことですね。

　私の学年は24人いて、全て女性です。ほとんど現役か一浪で入学していて、元社会人の人が2人、大卒で2年次編入の人が1人います。一学年の人数が少ないので、先生と学生との距離がとても近い感じがします。

——**大学生活は忙しいですか。**

　いまは月曜から金曜まで、ほとんど朝から夕方まで授業があります。夏休みは1か月、冬休みは2週間から3週間程度あり、2月上旬から3月いっぱいが春休みになります。これまでは休みに旅行に行ったりしましたが、4年次になるとそれも難しいようです。アルバイトは週に1回、塾の講師をしています。

　クラブ活動は小児病棟の子どもたちと遊ぶボランティアサークルに所属しています。また天文研究会にも入っていて、学校に泊まって星を観察したりしたのもいい思い出です。3年次になってからは課題やレポートなどが増えたので、クラブ活動の時間はあまりとれませんが……。

　クラブ活動とは別に、地域のデイサービスや老人ホームなどのボランティアをしていたこともあるのですが、言語聴覚士をめざしていると言ったら、私のなにげない一言がとても重く受け止められてしまうことがありました。専門職に就くということの責任や重みを実感させられた経験でした。

——**将来はどの分野で仕事をしたいですか。**

　できれば病院に就職して臨床経験を積んでいきたいです。専門とする分野はまだ決まっていませんが、いろいろなことに対応できる言語聴覚士になりたいと考えています。一人職場になることもあると思いますが、そういうときに相談できるのが、大学の仲間であり先生なのではないかなと思っています。

（取材は2002年11月）

やまざき　ゆりさん
北里大学医療衛生学部リハビリテーション学科言語聴覚療法学専攻3年生。1981年生まれ、東京都出身。田園調布雙葉高校卒。人とかかわる仕事をしたいという思いから言語聴覚士をめざす。

第5章 3.
社会人や大学生、方向転換を考えているあなたには

●**方向転換の気持ちを確かめて**

　あなたが言語聴覚士になりたいと思った理由は何でしょうか？「やりがいがありそう」「資格職だから」「いまの仕事に向いてない気がして」、そのほかにもさまざまな理由があると思います。しかし漠然としたあこがれでこの職をめざすのは、ちょっと考えもの。養成校の勉強はなかなかハードで、そのあとには国家試験という壁もあります。もう一度、言語聴覚士の仕事内容や自分の適性、就職状況などを確かめて、それでも進みたいという確固とした意志を持ったならチャレンジしてください。

●**大学生なら、卒業を待つか、いますぐ方向転換をするかを考えて**

　大学生のあなたが方向転換を考えるなら、次のようなコースがあります。

1）現在の大学を卒業してから、大卒者対象の2年課程の指定養成校に進む。

　大卒者対象2年課程の指定養成校は、2013年4月現在、国立で1校1学科、私立で21校24コースあります。入試科目は、一般常識、英語、小論文、面接など。一般入試のほかに、推薦入試、社会人入試の制度のある養成校もあります。

2）現在の大学をやめて、高卒者対象の指定養成校（大学か専門学校）に進む。

　大学に在籍しながら専門学校にも通う、ダブルスクールという学び方がありますが、言語聴覚士をめざす場合には、時間的な問題でそれはまず無理だと考えてください。指定養成校には、大学で取得した単位を科目によっては認めてくれる学校もあるので、問い合わせてみるといいでしょう。指定養成校を選ぶポイントはp117を参照してください。

3）大学から指定養成校に編入する。

　編入制度のある指定養成校はまだごく少数で、募集人数も数名程度です。編入試験の受験資格の例には、大学・短大の卒業者（見込みを含む）、大学に2年以上在学し62単位以上を修得した者、専修学校の専門課程のうち、文部科学大臣の定める基準を満たすものを修了した者（見込みを含む）で大学入学資格を持つ者、などがあります。

　どのコースがいいのかは、現在、あなたが何年次に在籍しているかにもよるでしょう。また現在の大学で教員免許が取得できるなら、取っておいたほうが将来の仕事の可能性は広がります。上記のコースのほかに、大学や大学院で厚生労働大臣の指定する科目（平成10年8月「厚生省告示第225〜227号」に掲載）を履修し、受験資格を得るという方法などもあります。

●**社会人なら社会人入試が有利**

　社会人のあなたは、高校卒か大学卒かで、選択できる指定養成校が変わります。指定養成校は高卒者以上を対象としているので、もしあなたが高校を卒業していないなら、高等学校卒業程度認定試験などを受けて、まず指定養成校の受験要件を満たす必要があります。

　現役の学生と一緒に受験するのは学力的に不安という人には、社会人入試の制度があります。社会人入試は多くの指定養成校で実施されており、ある年齢以上の人、一定期間以上社会人として働いた経験のある人などがその対象になっています。また夜間部のある指定養成校は、2013年4月現在、全国に4校のみです。ただ、たとえ夜間部に通うとしても実習などは昼間に行われるので、働きながら学ぶ場合は、実習期間中は仕事の調整が必要となります。

●**年齢によるハンデはある？**

　資格を取得したけれど年齢的に就職が難しかった、というのも実際にありえることです。若い学生に混じっての勉強は、体力・気力の面で大変かもしれません。なかには30代後半や40代前半で指定養成校に入学した人もいますが、このような人はごく少数です。年を重ねることで培われた人間性や社会経験は役立ちますが、多くの知識や技術を修得する知的エネルギーがまず必要です。

＜インタビュー 8＞

大卒者対象の養成校の学生にきく

クラスの半数以上は社会人経験者です

話をきいた人●鍋丁　雅史さん

—— **どうして会社員から言語聴覚士に方向転換しようと考えたのですか。**

　会社員時代に、仕事先の知り合いの紹介で作業療法士の方とお話しする機会があり、そこでリハビリテーション職に興味を持ったのがきっかけです。人の役に立つ仕事というところにひかれました。それまで営業という話す仕事をしていたので、同じようにことばを使うという言語聴覚士の仕事について、本やインターネットなどで仕事の内容などをいろいろ調べました。

　その作業療法士の方から言語聴覚士の方を紹介していただいて、お話を伺うこともできました。「患者さんから逆に教わることが多い」というお話が印象的でした。

—— **方向転換にあたって、ご家族の反応は。**

　34歳という自分の年齢を考えたら、これが最後のチャンスだと思いました。妻に相談したら、2年間ならなんとかするのでやってみたらと言ってくれました。共働きで子どももいなかったので踏み切れたのだと思います。

　学費は授業料のほか、教科書代や参考書代にけっこうかかりますが、これはいままでの貯金から賄っています。

—— **この養成校を選んだ理由は。**

　年齢的な問題から2年課程の学校、そして自宅から通学できる学校を探しました。学校説明会に参加して、先生から国家試験の合格率や就職状況、実習が

充実していることなどを聞き、ここならと選びました。
　——**大学時代の授業と比べて、養成校の勉強はいかがですか。**
　２年という短い期間で多くの科目を学ばなければならないので、覚悟はしていましたが、密度が高く、驚きました。大学時代のほうがずっと余裕がありました。授業は月曜から土曜まであって、課題やレポートのために夜まで学校に残ることもあります。
　１年次のいまは講義がおもで、２年次には実習がおもになります。講義内容としては、医学や心理学など言語聴覚士として必要とされる知識や技術、考え方など多岐にわたります。でもいつか臨床に出たときには、いま授業で教わっていることが生きてくると思っています。障害の原因や今後の治療のあり方を深く考えられるよう、学んでいかないといけません。それを２年間で、というのは時間的にも内容的にもなかなか大変です。
　——**大卒者対象の２年課程の養成校ということなので、学生のなかには社会人経験のある方も多いのでしょうか。**
　いま、私たちの学年は38人いますが、そのうち大学の新卒者は15人程度で、あとは社会人経験がある人ですね。結婚している人もいます。年齢では私がいちばん年上で30代は７人くらい、あとは20代です。社会人として身についたマナーや経験は、この仕事をするうえで役に立つのではないかと思います。
　——**これから養成校の入試を受ける人に、アドバイスはありますか。**
　大学４年間や社会人として得た知識、考え方、経験を生かして試験に臨めばいいと思います。面接では、求められていることに対して、自分の考えを簡潔かつ積極的にアピールすることが必要でした。
　——**将来はどのような分野で仕事をしたいですか。**
　医療機関に就職して、チーム医療のなかの一員として患者さんの役に立ちたいと思っています。ただ、いまの段階ではどういった職場をめざすか模索中です。言語聴覚士という仕事は、まだ社会的によく知られていないと思います。この仕事のことを少しでも多くの方に知ってもらい、地域社会にも貢献できるようがんばりたいです。

（取材は2002年11月）

なべちょう　まさしさん
日本福祉教育専門学校言語聴覚療法学科１年生。1968年生まれ、千葉県出身。中央学院大学を卒業後、営業職として９年半会社勤務。人の役に立つ仕事をしたいと、02年に２年課程の同校に入学。

第5章 4.

入試準備のポイントは

●募集要項で受験の詳細を確認

　入試準備は、養成校の学校案内や募集要項を手に入れて、学校についての情報を得るところから始まります。学校案内には、学校の沿革、特色、教育内容、教員、卒業生の進路などが紹介されており、募集要項には、募集定員、受験資格、入試科目およびその出題範囲、入試日程、出願期間、出願に必要な書類のほか、推薦入試の有無、学費などが記されています。入試科目や入試の形態は前年と変わることもあるので、必ず最新の要項で確認します。

　募集要項は7月中旬から9月初旬にかけて次年度用のものが出されます。これらの資料は有料または無料で送付してもらえるので、まずは養成校に資料の請求方法を問い合わせてみましょう。募集要項にはたいてい入学願書が添付されています。

●受験する前に養成校の見学を

　志望校には受験前に必ず下見に行き、学校の様子や雰囲気を見てみましょう。一日体験入学や学園祭などは、そのいい機会です。せっかく足を運ぶのですから、疑問に思っていること、聞きたいことなどを、在校生や教員、事務室などに尋ねてみましょう。また実習先となる医療施設などが併設されている場合は、見学が可能かどうか尋ねてみるのもよいでしょう。

●出願書類は早めに準備

　入学願書を提出する際には、入学志願票、志望理由書、写真のほか、成績証明書、健康診断書、推薦書なども必要になる場合があります。募集要項で必要

な書類を確認し、証明書や健康診断書などは早めに用意しておきましょう。その際、二次募集などに応募することも考えて、数に余裕を持たせて用意すると安心です。

●受験のスケジュールを立てよう

　養成校の入試は、通常、推薦入試が10、11月ごろに行われ、そのあとに一般入試となります。一般入試が複数回行われることもあり、その日程等は学校により異なります。推薦入試で不合格になっても一般入試で再チャレンジが可能です。受験のチャンスはなるべく多く生かしたいもの。推薦入試には、指定校推薦、地域推薦、一般推薦、社会人推薦などがあり、一般推薦は現役生だけでなく一浪、二浪の人も利用できる養成校もあります。また一次募集で不合格でも、二次募集に出願できる養成校もあります。複数の養成校を受験する人は、このような次のチャンスも考慮して、受験のスケジュールを立ててみましょう。

●学費や生活費のことも考えて

　就学にかかる費用を把握することも大切です。特に社会人入試では、面接の際に学費が工面できるかを確認されることもあります。養成校に納めるのは、入学金、授業料、実習費、施設維持費などで、これらの金額は募集要項に記載されています。このほかに教科書・参考書代、通学にかかる交通費、下宿の人は生活費なども必要となります。また、実習時の交通費、宿泊費などは学生負担のところが多いようです。養成校への納付金は原則として1年分の一括納入ですが、授業料と実習費については前期・後期の2回払いが可能な学校もあります。入学手続き時の納付金は、養成校により入学金のみ、入学金＋年間授業料、入学金＋半年分授業料などさまざまです。合格したら入学手続き期間内に手続きをし、納付金を納めないと、入学資格は取り消されてしまいます。

　奨学金制度を利用している学生も多くいます。例としては、養成校独自の特待生制度や、日本学生支援機構奨学金、自治体による奨学・修学制度、日本政策金融公庫（国の教育ローン）、銀行の教育ローンなどがあります。利用資格や金額、返済方法はさまざまです。経済的に問題があれば、自分に合った制度を探してみるといいでしょう。

第5章 5.
国家試験のことも知っておきたい

　言語聴覚士の資格を得るには、国家試験に合格し厚生労働大臣の免許を受けなければなりません。言語聴覚士国家試験は毎年1回行われ、その年の国家試験の期日や場所、受験願書の提出期限はあらかじめ官報で公示されます（国家試験の問い合わせ先についてはp133を参照）。

●国家試験の受験資格
　受験資格は言語聴覚士法第33条で以下のように定められています。
1）大学入学資格を持つ人で、文部科学大臣が指定した学校、または厚生労働大臣が指定した養成所（以下「指定養成施設」）で3年以上の教科課程を修了した人（卒業見込も含む）。
2）大学もしくは高等専門学校、旧大学令に基づく大学、または厚生労働省令で定める学校等において2年（高等専門学校では5年）以上修業し、かつ厚生労働大臣の指定する科目（以下、「指定科目」）を修めた人で、指定養成施設で1年以上の教科課程を修了した人（卒業見込も含む）。
3）大学もしくは高等専門学校、旧大学令に基づく大学、または厚生労働省令で定める学校等において1年（高等専門学校では4年）以上修業し、かつ指定科目を修めた人で、指定養成施設で2年以上の教科課程を修了した人（卒業見込も含む）。
4）大学（短期大学を除く）または旧大学令に基づく大学において指定科目を修めて卒業した人、その他それに準ずる人（卒業見込も含む）。
5）大学（短期大学を除く）または旧大学令に基づく大学を卒業した人、その

他それに準ずる人で、指定養成施設で2年以上の教科課程を修了した人（卒業見込も含む）。
6）外国の言語聴覚療法に関する学校や養成所の卒業者、または外国で言語聴覚士の免許に相当する免許を受けた人で、厚生労働大臣が1～5と同等以上の知識及び技能を有すると認定した人。
7）法施行の際（1998年9月1日）にすでに指定養成施設を卒業している人、または在学中で法施行後に卒業した人。

●試験の内容

5肢択一式の筆記試験です。午前100問、午後100問の計200問が出題されます。
試験科目は基礎医学、臨床医学、臨床歯科医学、音声・言語・聴覚医学、心理学、音声・言語学、社会福祉・教育、言語聴覚障害学総論、失語・高次脳機能障害学、言語発達障害学、発声発語・嚥下（えんげ）障害学、聴覚障害学です。

●受験手続き

試験は例年2月に行われます。受験受付期間中（11月下旬から3週間程度）に、受験願書、写真、卒業証明書など受験資格を証明する書類を指定試験機関に提出し、受験手数料を振り込みます。

第15回の受験手数料は3万4000円、試験地は北海道、東京都、愛知県、大阪府、広島県、福岡県でした。受験手続き終了後に受験票が郵送されます。また、身体、視覚、聴覚、音声機能や言語機能に障害のある人は、あらかじめ申し出ることで、受験の際に必要な配慮が講じられることがあります。

●合格発表

合格者は例年3月下旬ごろに、厚生労働省に掲示され、指定試験機関のホームページでも発表されます。合格したら厚生労働大臣に免許を申請し、言語聴覚士名簿に登録します。

国家試験の受験者・合格者数と合格率

	受験者数	合格者数	合格率
第9回 2007年	2,323人	1,266人	54.5%
第10回 2008年	2,574人	1,788人	69.5%
第11回 2009年	2,347人	1,344人	57.3%
第12回 2010年	2,498人	1,619人	64.8%
第13回 2011年	2,374人	1,645人	69.3%
第14回 2012年	2,263人	1,413人	62.4%
第15回 2013年	2,381人	1,621人	68.1%
過去累計	35,045人	21,994人	62.8%

●第5章

あなたにぴったりのルートは？

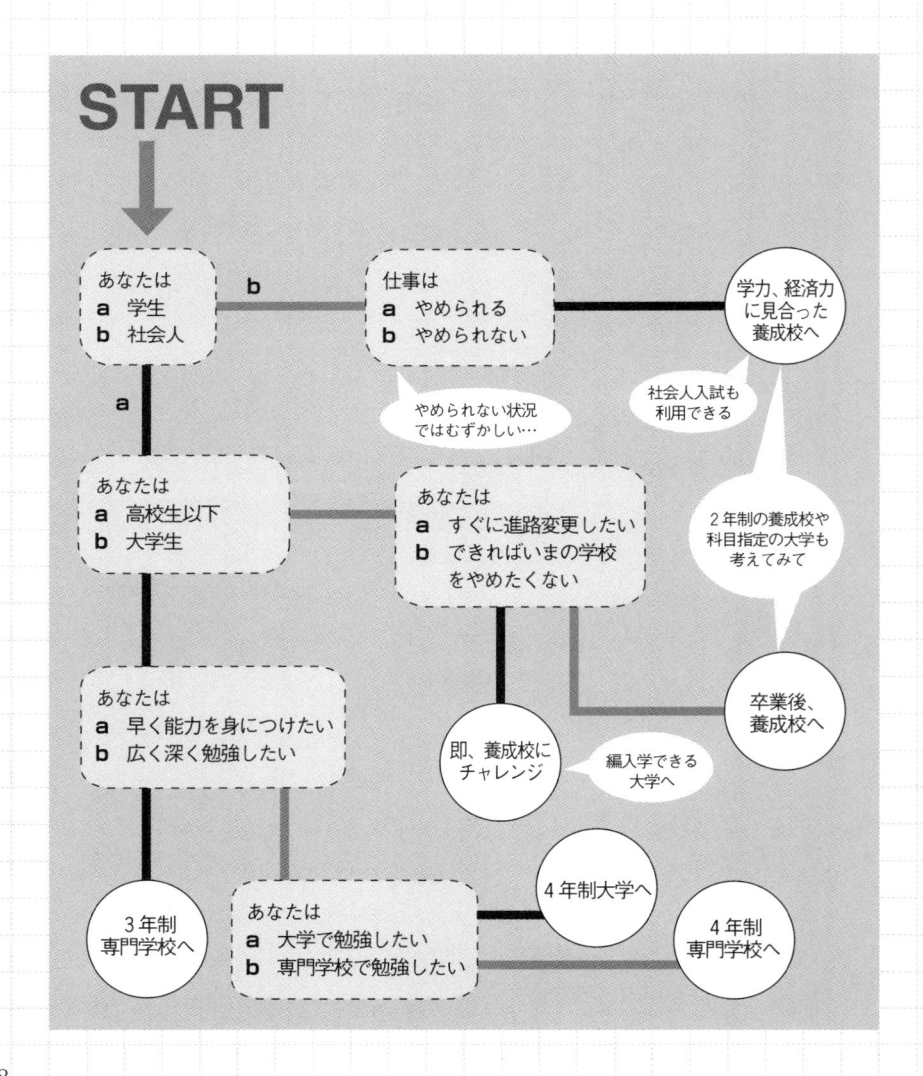

立ち止まってチェック！

```
START
  ↓
┌─────────────┐  b  ┌─────────────┐
│ あなたは    │────→│ 仕事は      │──────→ 学力、経済力に見合った養成校へ
│ a 学生      │     │ a やめられる│
│ b 社会人    │     │ b やめられない│      （社会人入試も利用できる）
└─────────────┘     └─────────────┘
  │ a                   （やめられない状況ではむずかしい…）
  ↓                                         （2年制の養成校や科目指定の大学も考えてみて）
┌─────────────┐     ┌─────────────────────┐
│ あなたは    │     │ あなたは            │
│ a 高校生以下│     │ a すぐに進路変更したい│
│ b 大学生    │     │ b できればいまの学校 │──→ 卒業後、養成校へ
└─────────────┘     │    をやめたくない    │
                    └─────────────────────┘
                              │
┌─────────────────────┐       ↓
│ あなたは            │   即、養成校に    （編入学できる大学へ）
│ a 早く能力を身につけたい│  チャレンジ
│ b 広く深く勉強したい │
└─────────────────────┘
    │                           4年制大学へ
    ↓                                        4年制専門学校へ
  3年制        ┌─────────────────────┐
  専門学校へ   │ あなたは            │
               │ a 大学で勉強したい  │
               │ b 専門学校で勉強したい│
               └─────────────────────┘
```

第5章 あなたに合った資格の取り方を見つけましょう

128

役立ち情報ページ

言語聴覚士として働きたい！と決めたあなたに、
役立つ情報を集めました。
学校選びは、資格を取るための第一歩。
現在の状況や、将来の希望をよく考えて、
あなたに合った学校をしっかり探してください。

言語聴覚士の指定養成校リスト

◆

問い合わせ先一覧

◆

就職先を探すリスト

言語聴覚士の指定養成校リスト

言語聴覚士の受験資格を得る代表的なルートは指定養成校を卒業することです。
以下は文部科学大臣または厚生労働大臣の指定を受けた養成校の一覧です。

★のついている大学は大学院課程併設

● 4年制大学

都道府県	名称	所在地	TEL
北海道	★北海道医療大学心理科学部言語聴覚療法学科	〒002-8072 北海道札幌市北区あいの里2条5	(011)778-8931
青森	弘前医療福祉大学保健学部医療技術学科言語聴覚学専攻	〒036-8102 青森県弘前市大字小比内3-18-1	(0172)27-1001
宮城	東北文化学園大学医療福祉学部リハビリテーション学科言語聴覚学専攻	〒981-8551 宮城県仙台市青葉区国見6-45-1	(022)233-3310
栃木	★国際医療福祉大学保健医療学部言語聴覚学科	〒324-8501 栃木県大田原市北金丸2600-1	(0287)24-3000
埼玉	★目白大学保健医療学部言語聴覚学科	〒339-8501 埼玉県さいたま市岩槻区浮谷320	(048)797-2111
東京	★帝京平成大学健康メディカル学部言語聴覚学科	〒170-8445 東京都豊島区東池袋2-51-4	(03)5843-3111
神奈川	★北里大学医療衛生学部リハビリテーション学科言語聴覚療法学専攻	〒252-0373 神奈川県相模原市南区北里1-15-1	(042)778-9700
新潟	★新潟医療福祉大学医療技術学部言語聴覚学科	〒950-3198 新潟県新潟市北区島見町1398	(025)257-4455
	★新潟リハビリテーション大学医療学部リハビリテーション学科言語聴覚学専攻	〒958-0053 新潟県村上市上の山2-16	(0254)56-8292
静岡	★聖隷クリストファー大学リハビリテーション学部リハビリテーション学科言語聴覚学専攻	〒433-8558 静岡県浜松市北区三方原町3453	(053)439-1400
愛知	★愛知学院大学心身科学部健康科学科言語聴覚科学コース	〒470-0195 愛知県日進市岩崎町阿良池12	(0561)73-1111
	★愛知淑徳大学健康医療科学部医療貢献学科言語聴覚学専攻	〒480-1197 愛知県長久手市片平9	(0561)62-4111
大阪	大阪河崎リハビリテーション大学リハビリテーション学部リハビリテーション学科言語聴覚学専攻	〒597-0104 大阪府貝塚市水間158	(072)446-6700
	大阪人間科学大学人間科学部医療心理学科言語聴覚専攻	〒566-8501 大阪府摂津市正雀1-4-1	(06)6381-3000
兵庫	姫路獨協大学医療保健学部言語聴覚療法学科	〒670-8524 兵庫県姫路市上大野7-2-1	(079)223-2211
岡山	★川崎医療福祉大学医療技術学部感覚矯正学科言語聴覚専攻	〒701-0193 岡山県倉敷市松島288	(086)462-1111
広島	★県立広島大学保健福祉学部コミュニケーション障害学科	〒723-0053 広島県三原市学園町1-1	(0848)60-1120
	広島国際大学総合リハビリテーション学部リハビリテーション学科言語聴覚療法学専攻	〒739-2695 広島県東広島市黒瀬学園555-36	(0823)70-4500
福岡	★国際医療福祉大学福岡保健医療学部言語聴覚学科	〒831-8501 福岡県大川市榎津137-1	(0944)89-2000
熊本	熊本保健科学大学保健科学部リハビリテーション学科言語聴覚学専攻	〒861-5598 熊本県熊本市北区和泉町325	(096)275-2111
宮崎	★九州保健福祉大学保健科学部言語聴覚療法学科	〒882-8508 宮崎県延岡市吉野町1714-1	(0982)23-5555

●短期大学

都道府県	名称	所在地	TEL
福井	福井医療短期大学リハビリテーション学科 言語聴覚学専攻	〒910-3190 福井県福井市江上町55字鳥町13-1	(0776)59-2200

●専門学校（3年制・4年制）

都道府県	名称	修業年限	所在地	TEL
北海道	札幌医学技術福祉歯科専門学校言語聴覚士科	3年	〒064-0805 北海道札幌市中央区南5条西11-1289-5	(011)513-2111
	専門学校日本福祉リハビリテーション学院 言語聴覚学科	4年	〒061-1373 北海道恵庭市恵み野西6-17-3 （恵み野キャンパス）	(0123)37-4520
福島	国際メディカルテクノロジー専門学校言語聴覚士科	3年	〒963-8811 福島県郡山市方八町2-4-19	(024)956-0160
茨城	医療専門学校水戸メディカルカレッジ 言語聴覚療法学科	3年	〒310-0035 茨城県水戸市東原3-2-5	(029)303-7033
東京	西武学園医学技術専門学校東京池袋校 言語聴覚学科	3年	〒170-0013 東京都豊島区東池袋3-9-3	(03)3980-1771
	東京医薬専門学校言語聴覚士科	3年	〒134-8530 東京都江戸川区東葛西6-5-12	0120-06-1610
長野	長野医療衛生専門学校言語聴覚士科	4年	〒386-0012 長野県上田市中央2-13-27	(0268)23-3800
岐阜	サンビレッジ国際医療福祉専門学校言語聴覚学科	3年	〒503-2413 岐阜県揖斐郡池田町白鳥104	(0585)45-2220
愛知	専門学校日本聴能言語福祉学院補聴言語学科	3年	〒453-0023 愛知県名古屋市中村区若宮町2-14	(052)482-8788
大阪	大阪医療技術学園専門学校言語聴覚士学科	3年	〒530-0044 大阪府大阪市北区東天満2-1-30	(06)6354-2501
兵庫	神戸医療福祉専門学校三田校言語聴覚士科	4年	〒669-1313 兵庫県三田市福島501-85	0120-511-294
	関西総合リハビリテーション専門学校言語聴覚学科	3年	〒656-2132 兵庫県淡路市志筑新島7-4	(0799)60-3600
島根	リハビリテーションカレッジ島根言語聴覚学科	4年	〒699-3225 島根県浜田市三隅町古市場2086-1	(0855)32-3260
山口	山口コ・メディカル学院言語聴覚学科	4年	〒753-0054 山口県山口市富田原町2-24	(083)933-0550
愛媛	四国中央医療福祉総合学院言語聴覚学科	3年	〒799-0422 愛媛県四国中央市中之庄町1684-10	(0896)24-1000
高知	高知リハビリテーション学院言語療法学科	4年	〒781-1102 高知県土佐市高岡町乙1139-3	(088)850-2311
福岡	専門学校麻生リハビリテーション大学校 言語聴覚学科	3年	〒812-0007 福岡県福岡市博多区東比恵3-2-1	(092)436-6606
	専門学校柳川リハビリテーション学院言語聴覚学科	3年	〒832-0058 福岡県柳川市上宮永町116-1	(0944)72-1001
長崎	長崎リハビリテーション学院言語療法学科	3年	〒856-0048 長崎県大村市赤佐古町42	(0957)53-7883
熊本	メディカル・カレッジ青照館言語聴覚療法学科	4年	〒869-3205 熊本県宇城市三角町波多2864-111	(0964)54-2211
大分	大分リハビリテーション専門学校言語聴覚士科	3年	〒870-8658 大分県大分市千代町3-22	(097)535-0201
鹿児島	鹿児島医療技術専門学校言語聴覚療法学科	4年	〒891-0133 鹿児島県鹿児島市平川町 字宇都口5417-1	(099)261-6161
	鹿児島第一医療リハビリ専門学校言語聴覚学科	3年	〒899-4395 鹿児島県霧島市国分中央1-12-42	(0995)48-5551
沖縄	沖縄リハビリテーション福祉学院言語聴覚学科	3年	〒901-1393 沖縄県島尻郡与那原町字板良敷1380-1	(098)946-1000

●大卒者対象の学校（2年制）

都道府県	名称	所在地	TEL
宮城	仙台医療福祉専門学校言語聴覚学科	〒980-0023 宮城県仙台市青葉区北目町1-23	(022)217-8880
埼玉	国立障害者リハビリテーションセンター学院言語聴覚学科	〒359-8555 埼玉県所沢市並木4-1	(04)2995-3100
東京	多摩リハビリテーション学院言語聴覚学科	〒198-0004 東京都青梅市根ヶ布1-642-1	(0428)21-2001
	東京医薬専門学校言語聴覚士科	〒134-8530 東京都江戸川区東葛西6-5-12	0120-06-1610
	日本福祉教育専門学校言語聴覚療法学科	〒169-0075 東京都豊島区高田馬場2-16-3	0120-166-255
	臨床福祉専門学校言語聴覚療法学科	〒135-0043 東京都江東区塩浜2-22-10	(03)5653-1711
	首都医校言語聴覚学科昼間2年制 夜間3年制	〒160-0023 東京都新宿区西新宿1-7-3	(03)3346-3000
神奈川	茅ヶ崎リハビリテーション専門学校言語聴覚学科	〒253-0083 神奈川県茅ヶ崎市西久保500	(0467)88-6611
愛知	専門学校日本聴能言語福祉学院聴能言語学科	〒453-0023 愛知県名古屋市中村区若宮町2-14	(052)482-8788
	東海医療科学専門学校言語聴覚科	〒450-0003 愛知県名古屋市中村区名駅南2-7-2	(052)588-2977
	名古屋医専言語聴覚学科昼間2年制 夜間3年制	〒450-0002 愛知県名古屋市中村区名駅4-27-1	(052)582-3000
	日本福祉大学中央福祉専門学校言語聴覚士科	〒460-0012 愛知県名古屋市中区千代田3-27-11	(052)339-0200
京都	京都保健専門学校言語聴覚科	〒604-8503 京都府京都市中京区三条通室町西入衣棚町51-2	0120-448-808
大阪	大阪保健医療大学専攻科言語聴覚専攻科	〒530-0043 大阪府大阪市北区天満1-9-27	0120-581-834
	大阪医専言語聴覚学科昼間2年制 夜間3年制	〒531-0076 大阪府大阪市北区大淀中1-10-3	(06)6452-0110
	大阪医療福祉専門学校言語聴覚士学科	〒532-0003 大阪府大阪市淀川区宮原1-2-14	(06)6393-2288
	大阪医療技術学園専門学校 言語聴覚士学科昼夜間2年制	〒530-0044 大阪府大阪市北区東天満2-1-30	(06)6354-2501
兵庫	神戸総合医療専門学校言語聴覚士学科	〒654-0142 兵庫県神戸市須磨区友が丘7-1-21	(078)795-8000
奈良	関西学研医療福祉学院言語聴覚学科	〒631-0805 奈良県奈良市右京1-1-5	(0742)72-0600
島根	松江総合医療専門学校言語聴覚士科	〒690-0265 島根県松江市上大野町2081-4	(0852)88-3131
愛媛	愛媛十全医療学院言語聴覚学科	〒791-0385 愛媛県東温市南方561	(089)966-4573
福岡	福岡国際医療福祉学院言語聴覚学科	〒814-0001 福岡県福岡市早良区百道浜3-6-40	(092)832-1166

●その他　医療関連職養成課程修了者等対象

都道府県	名称	修業年限	対象	所在地	TEL
奈良	白鳳女子短期大学専攻科リハビリテーション学専攻言語聴覚学課程	1年	大卒者・看護師課程等修了	〒636-0011 奈良県王寺町葛下1-7-17	(0745)32-7890

日本言語聴覚士協会のホームページなどによる（2013年4月現在）

指定養成校で学ぶほかに、大学や大学院において厚生労働大臣の指定する科目を履修して国家試験の受験資格を取得する方法があります。

問い合わせ先一覧

資格や仕事についてや県士会の連絡先は、協会事務所まで。
国家試験については、下記の公益財団法人に問い合わせを。

▼

●日本言語聴覚士協会事務所

所在地・URL	FAX
〒162-0814 東京都新宿区新小川町6-29 アクロポリス東京9階　http://www.jaslht.or.jp/	(03)6280-7629

●国家試験問い合わせ先

名称	所在地・URL	TEL
公益財団法人 医療研修推進財団	〒105-0001 東京都港区虎ノ門1-22-14　ミツヤ虎ノ門ビル4階 http://www.pmet.or.jp/	(03)3501-6515

就職先を探すリスト

学校への求人から探すのが一般的ですが、それ以外の情報収集にはハローワークを。
福祉系の人材登録センターなどにも情報がある場合があります。

▼

● おもなハローワーク

都道府県	名称	所在地	TEL
北海道	札幌公共職業安定所	〒064-8609 北海道札幌市中央区南十条西14丁目	(011)562-0101
青森	青森公共職業安定所	〒030-0822 青森県青森市中央2-10-10	(017)776-1561
岩手	盛岡公共職業安定所	〒020-0885 岩手県盛岡市紺屋町7-26	(019)624-8902
宮城	仙台公共職業安定所	〒983-0852 宮城県仙台市宮城野区榴岡4-2-3　仙台MTビル3～4階	(022)299-8811
秋田	秋田公共職業安定所	〒010-0065 秋田県秋田市茨島1-12-16	(018)864-4111
山形	山形公共職業安定所	〒990-0813 山形県山形市桧町2-6-13	(023)684-1521
福島	福島公共職業安定所	〒960-8589 福島県福島市狐塚17-40	(024)534-4121
茨城	水戸公共職業安定所	〒310-8509 茨城県水戸市水府町1573-1	(029)231-6221
栃木	宇都宮公共職業安定所	〒320-0845 栃木県宇都宮市明保野町1-4　宇都宮第2地方合同庁舎1階	(028)638-0369
群馬	前橋公共職業安定所	〒379-2154 群馬県前橋市天川大島町130-1	(027)290-2111
埼玉	川口公共職業安定所	〒332-0031 埼玉県川口市青木3-2-7	(048)251-2901
千葉	千葉公共職業安定所	〒261-0001 千葉県千葉市美浜区幸町1-1-3	(043)242-1181
東京	飯田橋公共職業安定所	〒112-8577 東京都文京区後楽1-9-20　飯田橋合同庁舎内1～5階	(03)3812-8609
神奈川	横浜公共職業安定所	〒231-0005 神奈川県横浜市中区本町3-30	(045)663-8609
山梨	甲府公共職業安定所	〒400-0851 山梨県甲府市住吉1-17-5	(055)232-6060
長野	長野公共職業安定所	〒380-0935 長野県長野市中御所3-2-3	(026)228-1300
新潟	新潟公共職業安定所	〒950-8532 新潟県新潟市中央区美咲町1-2-1　新潟美咲合同庁舎2号館	(025)280-8609
富山	富山公共職業安定所	〒930-0857 富山県富山市奥田新町45	(076)431-8609
石川	金沢公共職業安定所	〒920-8609 石川県金沢市鳴和1-18-42	(076)253-3030
福井	福井公共職業安定所	〒910-8509 福井県福井市開発1-121-1	(0776)52-8150
岐阜	岐阜公共職業安定所	〒500-8719 岐阜県岐阜市五坪1-9-1　岐阜労働総合庁舎内	(058)247-3211
静岡	静岡公共職業安定所	〒422-8045 静岡県静岡市駿河区西島235-1	(054)238-8609
愛知	名古屋東公共職業安定所	〒465-8609 愛知県名古屋市名東区平和が丘1-2	(052)774-1115
三重	四日市公共職業安定所	〒510-0093 三重県四日市市本町3-95	(059)353-5566
滋賀	大津公共職業安定所	〒520-0043 滋賀県大津市中央4-6-52	(077)522-3773
京都	京都西陣公共職業安定所	〒602-8258 京都府京都市上京区大宮通中立売下ル和水町439-1	(075)451-8609
大阪	大阪東公共職業安定所	〒540-0011 大阪府大阪市中央区農人橋2-1-36　ピップビル1～3階	(06)6942-4771
兵庫	神戸公共職業安定所	〒650-0025 兵庫県神戸市中央区相生町1-3-1	(078)362-8609
奈良	奈良公共職業安定所	〒630-8113 奈良県奈良市法蓮町387　奈良第3地方合同庁舎	(0742)36-1601
和歌山	和歌山公共職業安定所	〒640-8331 和歌山県和歌山市美園町5-4-7	(073)425-8609
鳥取	鳥取公共職業安定所	〒680-0845 鳥取県鳥取市富安2-89	(0857)23-2021
島根	松江公共職業安定所	〒690-0841 島根県松江市向島町134-10　松江地方合同庁舎2階	(0852)22-8609
岡山	岡山公共職業安定所	〒700-0971 岡山県岡山市北区野田1-1-20	(086)241-3222
広島	広島公共職業安定所	〒730-8513 広島県広島市中区上八丁堀8-2　広島清水ビル	(082)223-8609
山口	山口公共職業安定所	〒753-0064 山口県山口市神田町1-75	(083)922-0043

役立ち情報ページ

徳島	徳島公共職業安定所	〒770-0823	徳島県徳島市出来島本町1-5	(088)622-6305
香川	高松公共職業安定所	〒761-8566	香川県高松市花ノ宮町2-2-3	(087)869-8609
愛媛	松山公共職業安定所	〒791-8522	愛媛県松山市六軒家町3-27　松山労働総合庁舎	(089)917-8609
高知	高知公共職業安定所	〒781-8560	高知県高知市大津乙2536-6	(088)878-5320
福岡	福岡中央公共職業安定所	〒810-8609	福岡県福岡市中央区赤坂1-6-19	(092)712-8609
佐賀	佐賀公共職業安定所	〒840-8826	佐賀県佐賀市白山2-1-15	(0952)24-4361
長崎	長崎公共職業安定所	〒852-8522	長崎県長崎市宝栄町4-25	(095)862-8609
熊本	熊本公共職業安定所	〒862-0971	熊本県熊本市中央区大江6-1-38	(096)371-8609
大分	大分公共職業安定所	〒870-8555	大分県大分市都町4-1-20	(097)538-8609
宮崎	宮崎公共職業安定所	〒880-8533	宮崎県宮崎市柳丸町131	(0985)23-2245
鹿児島	鹿児島公共職業安定所	〒890-8555	鹿児島県鹿児島市下荒田1-43-28	(099)250-6060
沖縄	那覇公共職業安定所	〒900-8601	沖縄県那覇市おもろまち1-3-25	(098)866-8609

(2013年4月現在)

●福祉人材センター

都道府県	所在地	TEL
中央	〒100-8980　東京都千代田区霞が関3-3-2　新霞が関ビル　全国社会福祉協議会内	(03)3581-7801
北海道	〒060-0002　北海道札幌市中央区北2条西7丁目1　かでる2・7　3階	(011)272-6662
青森	〒030-0822　青森県青森市中央3-20-30　県民福祉プラザ2階	(017)777-0012
岩手	〒020-0831　岩手県盛岡市三本柳8-1-3　ふれあいランド岩手2階	(019)637-4522
宮城	〒980-0014　宮城県仙台市青葉区本町3-7-4　宮城県社会福祉会館1階	(022)262-9777
秋田	〒010-0922　秋田県秋田市旭北栄町1-5　秋田県社会福祉会館5階	(018)864-2880
山形	〒990-0021　山形県山形市小白川町2-3-30	(023)633-7739
福島	〒960-8141　福島県福島市渡利字七社宮111　福島県総合社会福祉センター3階	(024)521-5662
茨城	〒310-0851　茨城県水戸市千波町1918　茨城県総合福祉会館2階	(029)244-3727
栃木	〒320-8508　栃木県宇都宮市若草1-10-6　とちぎ福祉プラザ3階	(028)643-5622
群馬	〒371-8525　群馬県前橋市新前橋町13-12　群馬県社会福祉総合センター6階	(027)255-6600
埼玉	〒330-8529　埼玉県さいたま市浦和区針ヶ谷4-2-65　すこやかプラザ1階	(048)833-8033
千葉	〒260-0015　千葉県千葉市中央区富士見2-3-1　塚本大千葉ビル6階	(043)222-1294
東京	〒102-0072　東京都千代田区飯田橋3-10-3　東京しごとセンター7階	(03)5211-2860
神奈川	〒221-0835　神奈川県横浜市神奈川区鶴屋町2-24-2　かながわ県民センター13階	(045)312-4816
山梨	〒400-0005　山梨県甲府市北新1-2-12　山梨県福祉プラザ4階	(055)254-8654
長野	〒380-0928　長野県長野市若里7-1-7　長野県社会福祉総合センター4階	(026)226-7330
新潟	〒950-8575　新潟県新潟市中央区上所2-2-2　新潟ユニゾンプラザ3階	(025)281-5523
富山	〒930-0094　富山県富山市安住町5-21　富山県総合福祉会館	(076)432-6156
石川	〒920-0964　石川県金沢市本多町3-1-10　石川県社会福祉会館内	(076)234-1151
福井	〒910-8516　福井県福井市光陽2-3-22　福井県社会福祉センター1階	(0776)21-2294
岐阜	〒500-8385　岐阜県岐阜市下奈良2-2-1　岐阜県福祉・農業会館6階	(058)276-2510
静岡	〒420-0856　静岡県静岡市葵区駿府町1-70　県総合社会福祉会館シズウエル3階	(054)271-2110
	〒410-0801　(東部支所)静岡県沼津市大手町1-1-3　静岡県東部地域交流プラザ「パレット」2階	(055)952-2942
愛知	〒460-0002　愛知県名古屋市中区丸の内2-4-7　愛知県社会福祉会館	(052)223-0408
三重	〒514-8552　三重県津市桜橋2-131　三重県社会福祉会館内	(059)224-1082
滋賀	〒525-0072　滋賀県草津市笠山7-8-138　滋賀県立長寿社会福祉センター内	(077)567-3925
京都	〒604-0874　京都府京都市中京区竹屋町通烏丸東入清水町375　ハートピア京都地下1階	(075)252-6297
大阪	〒542-0065　大阪府大阪市中央区中寺1-1-54　大阪社会福祉指導センター1階	(06)6762-9020
兵庫	〒651-0062　兵庫県神戸市中央区坂口通2-1-1　兵庫県福祉センター内	(078)271-3881
奈良	〒634-0061　奈良県橿原市大久保町320-11　奈良県社会福祉総合センター3階	(0744)29-0161

都道府県	所在地	TEL
和歌山	〒640-8545 和歌山県和歌山市手平2-1-2 県民交流プラザ和歌山ビッグ愛6階	(073)435-5211
鳥取	〒689-0201 鳥取県鳥取市伏野1729-5 県立福祉人材研修センター	(0857)59-6336
島根	〒690-0011 島根県松江市東津田町1741-3 いきいきプラザ島根2階	(0852)32-5957
	〒697-0016 (石見分室) 島根県浜田市野原町1826-1 いわみーる2階	(0855)24-9340
岡山	〒700-0807 岡山県岡山市北区南方2-13-1 きらめきプラザ1階	(086)226-3507
広島	〒732-0816 広島県広島市南区比治山本町12-2 広島県社会福祉会館内	(082)256-4848
山口	〒753-0072 山口県山口市大手町9-6 山口県社会福祉会館内	(083)922-6200
徳島	〒770-0943 徳島県徳島市中昭和町1-2 徳島県立総合福祉センター3階	(088)625-2040
香川	〒760-0017 香川県高松市番町1-10-35 香川県社会福祉総合センター4階	(087)833-0250
愛媛	〒790-8553 愛媛県松山市持田町3-8-15 愛媛県総合社会福祉会館2階	(089)921-5344
高知	〒780-8567 高知県高知市朝倉戊375-1 県立ふくし交流プラザ1階	(088)844-3511
福岡	〒816-0804 福岡県春日市原町3-1-7 クローバープラザ2階	(092)584-3310
佐賀	〒840-0021 佐賀県佐賀市鬼丸町7-18 佐賀県社会福祉会館2階	(0952)28-3406
長崎	〒852-8555 長崎県長崎市茂里町3-24	(095)846-8656
熊本	〒860-0842 熊本県熊本市中央区南千反畑町3-7 熊本県総合福祉センター4階	(096)322-8077
大分	〒870-0161 大分県大分市明野東3-4-1 大分県社会福祉介護研修センター内	(097)552-7000
宮崎	〒880-8515 宮崎県宮崎市原町2-22 宮崎県福祉総合センター内	(0985)32-9740
鹿児島	〒890-8517 鹿児島県鹿児島市鴨池新町1-7 鹿児島県社会福祉センター内	(099)258-7888
沖縄	〒903-8603 沖縄県那覇市首里石嶺町4-373-1 沖縄県総合福祉センター東棟3階	(098)882-5703

(2013年4月現在)

● 福祉人材バンク

都道府県	名称	所在地	TEL
北海道	函館市福祉人材バンク	〒040-0063 北海道函館市若松町33-6 函館市総合福祉センター3階	(0138)23-8546
	旭川市福祉人材バンク	〒070-0035 北海道旭川市5条通4丁目893-1 旭川市ときわ市民ホール1階	(0166)23-0138
	釧路市福祉人材バンク	〒085-0011 北海道釧路市旭町12-3 釧路市総合福祉センター内3階	(0154)24-1686
	帯広市福祉人材バンク 無料職業紹介所	〒080-0847 北海道帯広市公園東町3-9-1 帯広市グリーンプラザ内	(0155)27-2525
	北見市福祉人材バンク	〒090-0065 北海道北見市寿町3-4-1 北見市総合福祉会館内	(0157)22-8046
	苫小牧市福祉人材バンク	〒053-0021 北海道苫小牧市若草町3-3-8 苫小牧市民活動センター1階	(0144)32-7111
青森	弘前福祉人材バンク	〒036-8063 青森県弘前市宮園2-8-1	(0172)36-1830
	八戸福祉人材バンク	〒039-1166 青森県八戸市根城8-8-155 八戸市総合福祉会館1階	(0178)47-2940
群馬	高崎市福祉人材バンク	〒370-0045 群馬県高崎市東町80-1 高崎市労使会館1階	(027)324-2761
	太田市福祉人材バンク	〒373-8718 群馬県太田市浜町2-7 太田市社会福祉会館1階	(0276)48-9599
神奈川	川崎市福祉人材バンク	〒211-0053 神奈川県川崎市中原区上小田中6-22-5 川崎市総合福祉センター5階	(044)739-8726
福井	嶺南福祉人材バンク 無料職業紹介所	〒914-0047 福井県敦賀市東洋町4-1 敦賀市福祉総合センター「あいあいプラザ」内	(0770)22-3133
静岡	浜松市福祉人材バンク	〒432-8035 静岡県浜松市中区成子町140-8 浜松市福祉交流センター3階	(053)458-9205
愛知	豊橋市福祉人材バンク	〒440-0055 愛知県豊橋市前畑町115 豊橋市総合福祉センター内	(0532)52-1111
兵庫	姫路市福祉人材バンク	〒670-0955 兵庫県姫路市安田3-1 姫路市自治福祉会館内	(079)284-9988
和歌山	紀南福祉人材バンク	〒646-0028 和歌山県田辺市高雄1-23-1 田辺市民総合センター内	(0739)26-4918
高知	安芸福祉人材バンク	〒784-0007 高知県安芸市寿町2-8	(0887)34-3540
	幡多福祉人材バンク	〒787-0012 高知県四万十市右山五月町8-3	(0880)35-5514
福岡	北九州市福祉人材バンク	〒804-0067 福岡県北九州市戸畑区汐井町1-6 ウェルとばた8階	(093)881-0901
	筑後地区福祉人材バンク	〒830-0027 福岡県久留米市長門石1-1-34 久留米市総合福祉センター内	(0942)34-3035

	筑豊地区福祉人材バンク	〒820-0011 福岡県飯塚市柏の森956-4　飯塚市社会福祉協議会内	(0948)23-2210
	京築地区福祉人材バンク	〒824-0063 福岡県行橋市中津熊501 総合福祉センターウィズゆくはし内	(0930)23-8495
長崎	佐世保福祉人材バンク	〒857-0028 長崎県佐世保市八幡町6-1	(0956)23-3174
大分	日田市福祉人材バンク	〒877-0003 大分県日田市上城内町1-8 日田市総合保健福祉センター3階	(0973)24-7590
沖縄	名護市福祉人材バンク	〒905-0014 沖縄県名護市港2-1-1　名護市民会館内福祉センター	(0980)53-4142

(2013年4月現在)

執筆●鷺島鈴香／亀尾睦枝
本文イラスト●AKIRA
DTP●[D-Rise]
取材協力●医療法人社団慈誠会慈誠会徳丸病院／国立障害者リハビリテーションセンター病院／学校法人新田塚学園福井医療技術専門学校／横浜市総合リハビリテーションセンター／医療法人社団平成記念会介護老人保健施設マロニエ苑／学校法人北里学園北里大学医療衛生学部／慶應義塾大学病院／学校法人国際医療福祉大学保健学部／医療法人財団新誠会桜新町リハビリテーションクリニック／言語・学習指導葛西ことばのテーブル／都立駒込病院／社会福祉法人難聴幼児通園施設岡山かなりや学園／学校法人川崎学園川崎医療福祉大学医療技術学部／学校法人敬心学園日本福祉教育専門学校
企画編集・デザイン●SIXEEDS

監修者紹介

一般社団法人　日本言語聴覚士協会

2000年1月設立。2009年9月一般社団法人となる。
「言語聴覚士」の免許をもつ者を正会員とする職能団体。
学術集会（学会）の開催、研修会、セミナーの開催、学術研究活動、「協会ニュース」の発行など多彩な活動を展開している。
会員数は1万2104名（2013年3月現在）
〒162-0814　東京都新宿区新小川町6-29　アクロポリス東京9階
FAX (03)6280-7629
http://www.jaslht.or.jp/

まるごとガイドシリーズ⑬

言語聴覚士まるごとガイド
――資格のとり方・しごとのすべて――

| 2003年4月30日　初版第1刷発行 | 〈検印省略〉 |
| 2013年8月31日　初版第7刷発行 | |

定価はカバーに表示しています

監修者	日本言語聴覚士協会
発行者	杉　田　啓　三
印刷者	岡　田　幹　夫

発行所　株式会社　ミネルヴァ書房
607-8494　京都市山科区日ノ岡堤谷町1
電話代表(075)581-5191
振替口座 01020-0-8076

ⓒSIXEEDS, 2003　　ワコープラネット

ISBN978-4-623-03827-5
Printed in Japan

福祉の「しごと」と資格まるごとガイド

監修　田端光美
Ａ５判・324頁・1800円

まるごとガイドシリーズ

○一冊で資格のいかし方、職場生活の実態、将来性、資格取得情報を網羅。
○豊富な現場取材・客観的な統計・確かな情報で、職場のさまざまな現実と働く人の実感を伝える。

Ａ５判・全巻平均148頁
①、②、④〜⑦、⑨〜⑳1500円　③1200円

❶ 社会福祉士まるごとガイド〔第３版〕　監修　日本社会福祉士会
❷ 介護福祉士まるごとガイド〔第３版〕　監修　日本介護福祉士会
❸ ホームヘルパーまるごとガイド〔改訂版〕　監修　井上千津子
❹ 保育士まるごとガイド〔第３版〕　監修　全国保育士養成協議会
❺ 理学療法士まるごとガイド〔改訂版〕　監修　日本理学療法士協会
❻ 作業療法士まるごとガイド〔改訂版〕　監修　日本作業療法士協会
❼ 看護師まるごとガイド〔改訂版〕　監修　田中美恵子
❾ ケアマネジャー（介護支援専門員）まるごとガイド　監修　日本介護支援協会
❿ ボランティアまるごとガイド〔改訂版〕　監修　安藤雄太
⓫ 栄養士・管理栄養士まるごとガイド　監修　香川芳子
⓬ 盲導犬・聴導犬・介助犬訓練士まるごとガイド　監修　日比野清
⓭ 言語聴覚士まるごとガイド　監修　日本言語聴覚士協会
⓮ 歯科衛生士・歯科技工士まるごとガイド　監修　日本歯科衛生士会／日本歯科技工士会
⓯ 福祉レクリエーション・ワーカーまるごとガイド　監修　日本レクリエーション協会
⓰ 精神保健福祉士まるごとガイド　監修　日本精神保健福祉士協会
⓱ 福祉住環境コーディネーターまるごとガイド　監修　高齢社会の住まいをつくる会
⓲ 義肢装具士まるごとガイド　監修　日本義肢装具士協会
⓳ 手話通訳士まるごとガイド　監修　日本手話通訳士協会
⓴ 保健師まるごとガイド　監修　全国保健師教育機関協議会

以下続刊
⑧臨床心理士まるごとガイド

白抜き数字は既刊／価格は本体価格

ミネルヴァ書房
http://www.minervashobo.co.jp/